歴史の「いのち」

時空を超えて甦る日本人の物語

占部賢志 著

公益財団法人モラロジー研究所

はじめに――歴史とは自己を知る「鏡」

僕には故郷がない――これが十代のころに抱《いだ》いていたわだかまりだった。父の仕事の関係で小中学校時代、ほぼ毎年と言っていいぐらい転校を余儀《よぎ》なくされたからである。それほど繰り返すと、転校慣《な》れをするものと他人は思いがちだ。しかし、そんなことは決してなかった。むしろ思春期になるにしたがい、人間というものは親しくなれば必ず別れるものだという事実が染みついてしまっていた。ところが、そんな若者にも救いの神はいた。岡潔《おかきよし》と小林秀雄の二人の碩学《せきがく》だった。

大学一年のときだった。たまたま数学者として名高い岡潔先生の講演を聞く機会に恵まれた。このとき衝撃だったのは、人間にとって最も大切な感情は「懐旧の情《かいきゅう》」であると説かれた言葉である。ぎくりとした。そこで、懐旧の情を育てるはずの故郷を持たない僕はどうしたらいいのですか、と質問をぶつけたのである。すると、岡先生はこう応じられた。

「そんなことはない、君には日本の歴史があるじゃないか。日本の古典を読みなさい。懐《なつ》かしさというものがどういうものかきっと分かります」

たったこれだけのことだが、実に胸に沁《し》みた。この言葉の重みと深淵《しんえん》さを、今にして思わざるを得ない。あれから三十年、筆者に覚悟を迫った質疑応答のひとときであった。

ところで、このころからアルバイトで得た金をつぎ込んで『小林秀雄全集』を買い求め、読みはじめていた。今、これまで君はどんな勉強をしてきたのか、と人に問われたならば、恥ずかしながら『小林秀雄全集』の愛読です、と言うほかない。もちろん、どの程度深め得たかとなるとはなはだ心許《こころもと》ない。

ただ、難局に遭遇すると小林さんを思い浮かべる。そんな勝手な性癖《せいへき》だけは知らず識《し》らずのうちに身に備わってしまった。こんなとき、あの人だったらどうするだろう、どんな決断を下すだろうかという具合である。

小林さんを思い浮かべるというのは、端的に言えば、小林さんの文章を思い浮かべるということである。筆者の内部には、事あるたびにあの独特の文章と語り口が浮かんでは胸に迫る。

筆者が、初めてこの傑物《けつぶつ》の謦咳《けいがい》に接したのは、昭和四十八年十一月八日のことであった。文藝春秋社主催の文化講演会が宮崎県延岡市で開かれることとなり、講師として中村光夫氏や水上勉《みずかみつとむ》氏、那須良輔《なすりょうすけ》氏とともに小林さんがお見えになるという情報を、友人が仕入れてきた。ちょうど大学三年のときである。

当日、博多駅から日豊線《にっぽうせん》経由で延岡に向かった。折しも晩秋の時期で、車窓から眺《なが》める一面の田圃《たんぼ》には刈り取られた稲が積み上げられ、そこかしこで籾《もみ》を焼く煙が立ちのぼっていたのを覚えている。

演題は「文芸雑感」という素っ気ないものだったが、舞台の袖《そで》から小林さんの姿が現れると、文字どおり釘づけになってしまった。辺りを払う何とも言い難い雰囲気は、メモなどとる余裕を与えず、その肉声に身じろぎもせずに傾聴するほかになす術《すべ》がなかった。その語り口は、こちらにそうした態度をとらせてしまうほどの不可思議《ふかしぎ》な魅力があった。

最前列の真ん中の席で聴き入っていた筆者には、小林さんの眼が印象深く残っている。人生のいっさいを見尽くした達人の澄み切った眼差《まなざ》しとは、こういうものかと感じ入ったものである。それほど小林さんの風貌《ふうぼう》に見惚《みと》れてしまった。

講演の中身は、このとき連載中だった「本居宣長《もとおりのりなが》」を中心としたものだったが、岡潔の学問や梅原龍三郎《うめはらりゅうざぶろう》、中川一政《なかがわかずまさ》などの芸にも言及された。一時間はまたたく間に過ぎた。

講演が終了したのは夜の九時半ころではなかったろうか。会場を出てもいまだ小林さんの甲高《かんだか》い肉声が反響していた。筆者は文藝春秋社の係に小林さんの投宿先を密かに教えてもらい、現地で落ち合った友人を誘ってホテルに向かうことにした。小林さんに何としてもうかがいたいことがあったからである。

ホテルに着いてみると、小林さん一行は戻ってはいなかった。なんでも延岡名物の鮎《あゆ》を肴《さかな》に一杯やっているのだという。一時間半ほども待ったであろうか、玄関前に数台の車が横付けされ、名士たちの一群がどっと入ってきた。小柄だが風格のある小林さんはひと目で認めることができた。

〃よし、今しかない〃、そう思うや中に割って入り、小林さんの行く手を遮《さえぎ》ったのである。周囲は呆気《あっけ》にとられて立ち止まり、一瞬シーンと静まった。まごまごしてはいられない。だしぬけにこう切り出した。

「先生、非礼であることは承知のうえですが、どうしても質問したいことがあって、お待ちしていました」

小林さんは平然とされて、「いいえ、構いませんよ。何でしょうか」と応じられた。このとき、もたもたしていたら周囲の面々から排除されていただろうが、ともかく小林さんの「襲撃」に成功したのである。

疲れているから御免蒙《ごめんこうむ》るよと言われて当然にもかかわらず、小林さんは姿勢を正されてこちらをひたと見つめられた。その一瞬たじろいだことを覚えている。

かつてゴッホの「烏《からす》のいる麦畑」を見た小林さんは「むしろ、僕は、ある一つの巨《おお》きな眼に見据《みす》えられ、動けずにいたように思われる」と告白されたことがあるが、それに近いといえば大仰《おおぎょう》過ぎるだろうか。

質問の趣旨はこういうことだった。

「先生は、歴史を知るとは自己を知ることだとおっしゃっていますね。この意味がどうしても分からないのです。どうして自己を知ることになるんでしょうか」

小林さんは「歴史についてねえ、それは大変難しいことです……」と呟《つぶや》かれて、しばらく考え込まれているようすであった。すると突然顔を上げられて「君は歴史が自分の外側にあると考えますか」と問われてきた。返答に窮《きゅう》していると、あとは速射砲を浴びているような事態となっていった。

「君は記憶を持っているだろう。その記憶は君と別ものではないでしょう。君は別ものだと考えますか。一秒前の君と今の君と別人ではないじゃないか。君の過去のいつをとり出してみても別人ではあり得ない。君の記憶はすべて君自身なのだ」

「君が、今ここにいるのは君に記憶があるからなんだ。記憶がなければ君は存在しませんよ！」

こちらが言葉を挟《はさ》む余地はまったくない。ないというよりも、ただその迫力の前に棒立ちの状態だった。酒の匂いが辺りに漂い、顔面には小林さんの唾《つば》が飛んでくる。

「あのね、君のこの身体は誰が生んでくれたものですか。君のおっかさんだろう」

そう言いながら、小林さんはこちらの両腕を取られた。「はい、そうです」と言うのが精一杯だった。

「じゃあ、この君を生んでくれたおっかさんのことを考えてみたまえ。おっかさんのすべては君の身体の内に流れているんだぞ。そうだろう。そうすると、君がおっかさんを大切にするってことは、君自身を大切にするってことになるじゃないか」と、切々と諭《さと》された。

きわめて卑近な例を挙げて、歴史に対する感覚を説かれる言葉を聴きながら、講演の枕として話されたエピソードが頭をよぎった。

「僕は、若いころから家を飛び出して女と一緒に駆け落ちまでした。だから大学時代から生活のために物を書いて売っていたんです。大学なんて、もちろん出る気はなかった。文学に大学はいりませんから。ただ僕は、親父《おやじ》が早く死んだため、おふくろに育てられたんです。そのおふくろがどうにかして大学は出てほしいと願っていたのです。ですから僕は、おふくろのために大学を卒業したんです。そういうおふくろの願いを無視することはできなかった」

聴衆はどっと沸《わ》いたが、とても笑う気にはなれなかった。むしろベルグソンを論じ、あげくの果てに筆を折ってしまわれた、「感想」と題する『新潮』連載の冒頭のくだりが甦《よみがえ》ってきて胸が熱くなった。

亡くなった母の喪《も》に服していた小林さんは、切れかかった蝋燭《ろうそく》を買いに外に出た。夕暮れの鎌倉路を歩いていると、目の前をゆっくりと大ぶりの蛍《ほたる》が飛んでいく。このとき小林さんは「おっかさんは、今は蛍になっている」と確信する。小林作品に親しんだ者なら、誰しも熟知している場面である。

さて、小林さんはぐっと歩み寄ってこう言われる。

「君のこの肩には、おっかさんのすべてのものがかかっているんだ。つまり歴史を考え

小林秀雄さん（前列中央）を囲んで。前列、向かって左が筆者（昭和49年８月 高千穂河原にて）

るとは、君のおっかさんのことを考えることだぞ」

「もっと昔のことを考えてごらん。千年前のことだって同じだ。君のこの肩には日本の千年の歴史の重みがかかっているんだよ」

そう言いながら、小林さんは幾度も肩を叩かれた。そして、しみじみとした声で、噛《か》んで含めるように諭された。

「いいかい、君の身体には、祖先の血が流れているんだよ。それが歴史というものなんだ。そこをよくよく考えなくちゃいけない。誰でも宿命を持ってこの世に生まれてくるんです。そのことをきちんと自覚しなければだめだ。そして、生きてきた責任を果たさなければならないんだよ」

およそ三十分に及ぶ深更《しんこう》の「個人授業」は、こうして幕切れとなったのである。翌朝、小雨の中を臼杵《うすき》の石仏見学と宇佐八幡の参拝に発《た》たれる小林さんをお見送りして別れた。顧みると、一学生に対して胸に染み入るような言葉をかけてくださったこの両碩学との機縁が、いっさいのはじまりだった。

歴史について考えるたびに、以上の思い出が甦ってくる。考えてみれば、わが国では平安朝以来、「鏡物《かがみもの》」と呼ばれる古典が書かれてきた。例えば『大鏡《おおかがみ》』とか『吾妻鏡《あずまかがみ》』などがそれに当たるが、実はこれらはすべて歴史を書き綴《つづ》ったものである。ということは、歴史を「鏡」と捉《とら》えていたということにほかならない。すなわち、歴史に学んで初めて自分が見えてくると考えたのが日本人の歴史観だった。

「汝《なんじ》自身を知れ」というのは古代ギリシア以来の永遠のテーマだが、そもそも直接に「自分を知る」ことは不可能なのである。何かに触れて、そこで心が動いて、なるほど自分はこんな志向を持っているのか、と気づく。そういう方法でしか自分を知る手がかりはない。

例えば、『信長公記』という織田信長の伝記を読むと、信長の人生をおおよそ知ることができる。知って、信長のような生き方に共感を覚えたとする。そのとき、自分の中にそういう人生に共感するものがあるということに気づく。逆に嫌いになったとすれば、信長のような生き方を嫌うものが自分にあるということに思い至る。

かつて小林さんは、そういうふうに例を挙げて、歴史が「鏡」であること、ひいては「自己を知る」ことになる意味について語ったことがある。

本書に収録した十八編は、知られざる国際交流の実像や、期せずして結成された無名の人々のプロジェクトであったりするが、いずれも生き方の「鑑《かがみ》」として学び甲斐《がい》のある歴史を取り上げたつもりである。あわせて、国際社会に通用する「日本人の生き方」を考える素材としても、お読みいただければ有り難い。

平成十四年五月五日

占部賢志

目次

歴史の「いのち」

——時空を超えて甦る日本人の物語

目　次

芝山巌教育の灯——台湾近代教育に献身した教師たち……75

ロシアと広瀬武夫——清く、直く、温かく、しかも力あり……89

目次

第三部 近代史再考

装幀　加藤光太郎デザイン事務所

［凡例］

引用文の表記中、引用記事として挙げたものについては歴史的かなづかいのままにし、その他の引用文については、原文を尊重しつつ、現代の読者の便宜を配慮して新字・現代かなづかいに改めました。

第一部　異文明との遭遇と交流の物語

四百年の歳月を超えて届いた「感謝の言葉」

●サン・フランシスコ号遭難と御宿●

一、御宿にやってきたメキシコ大統領

太平洋に面する千葉県御宿《おんじゅく》は、古くから漁業が盛んな地で、磯浜の岩和田《いわわだ》では現在も海女《あま》の潜水漁業が行われているところである。ちなみに網代《あみしろ》湾の海岸砂丘は、童謡「月の砂漠」のモデルとも言われる。

その御宿に昭和五十三年十一月一日、メキシコのロペス大統領がヘリコプターでやってきた。町民は大漁旗を立てた漁船を繰り出し大統領を迎え、御宿は歓迎レセプションで沸き立った。

いったい、何のためにメキシコ大統領が御宿という日本の一地方を訪問するに至ったのだろうか。御宿を訪問したロペス大統領が述べたメッセージにその理由が明かされている。

来月1日記念行事
花火、みこし、塔の除幕
369年も昔のお礼に
メキシコ親善
海女が温めた
千葉・御宿は大騒ぎ
慶長十四年の難破船
救助や恋の語り伝え
大統領がやって来る
ニュースすくらんぶる

メキシコ大統領の来町と「サン・フランシスコ号」遭難とのつながりを物語る新聞記事（昭和53年10月14日『読売新聞』）

〈ロペス大統領のメッセージ
昭和五十三年十一月一日　千葉県御宿町〉

私のきょうだいであるみなさん。今日はとても静かな海ですが、この海で私どもの船が遭難した史実がありました。乗組員のまさに死なんとしているところを、みなさまの祖先の人間性ある方々のおかげで助けていただきました。数百年前にさかのぼりますが、そのときの村民に助けていただき本当に心からの歓迎を受けたものであります。

最近は非常に人間性に欠ける人がおりますが、そのときのすばらしい人間性に満ちた村民に心から敬意を表します。これから先も日墨《にちぼく》の関係がますます深くなっていくでしょうが、その歴史は、数百年前の当地で生まれたものといえましょう。

当時の人たちの人間性は、今日のみなさんの歓迎ぶりによく表れています。この御宿の海岸に数百年も生き続けてきましたみまさま方に深くお礼申し上げたいと思います。本当に温かい心で助けていただきましたことを、深くお礼申し上げます。

実は、この訪問には歴史的な背景があった。「この海で私どもの船が遭難した史実」とは、高校日本史の教科書にも載《の》っている出来事である。高校日本史の教科書を覗《のぞ》くと、次のような記述が見える。

（メキシコの宗主国である）スペインとの通交は、一五九六（慶長元）年のサン＝フェリペ号事件以来たえていたが、一六〇九（慶長十四）年、たまたまルソンの前総督ドン＝ロドリゴが上総《かずさ》に漂着し、翌一六一〇（慶長十五）年家康が船をあたえて彼らをメキシコにおくったのを機に復活した。このとき、同行した商人田中勝介らは最初にアメリカ大陸にわたった日本人とされている。（山川出版社『詳説 日本史』）

これはいずれの教科書にも載っている、ごくありふれた異文化交流の一場面である。一般に日本史として注目されるのは、日本人として初めて太平洋を横断した田中勝介《しょうすけ》であろう。大学入試でも出題されることが多い。

ところで、ドン・ロドリゴらが乗っていた船は「サン・フランシスコ号」というが、家康が与えた船はこれを復元したものだった。なぜなら漂着したと書かれてはいるが、実際は上総沖で座礁《ざしょう》、沈没してしまっていた。

家康の指示で新たな船の建造に当たったのは、外交顧問の三浦按針《みうらあんじん》ことウィリアム・アダムズである。彼らが感謝したであろうことは推測できるが、そうした教科書記述だけでは、ロペス大統領が千葉県御宿を訪ねた理由が分からない。

実はドン・ロドリゴら一行の多くが、御宿の村人の手で遭難死するところを助けられていた。この最初の救援活動が教科書から落ちているため、ロペス大統領の感謝が何を指すのか、判然としなかったわけである。

歴史は紛《まぎ》れもなく「いのち」を繋《つな》いでいたのだ。その証左《しょうさ》が、この遭難から四百年近い歳月を経て実現したロペス大統領の御宿訪問だった。

「乗組員のまさに死なんとしているところを、みなさまの祖先の人間性ある方々のおかげで助けていただきました」という挨拶にすべてが込められている。大統領は、遭難した自国民が御宿の村人によって救助されたことに対し、メキシコを代表してお礼にやってきたのである。

では、約四百年前、御宿の人々はどのようにして乗組員を救援したのだろうか。その顚《てん》末《まつ》を、わずかに残されている資料や伝承から再現してみよう。

二、慶長十四年、遭難船救出の顚末

それは江戸幕府が開かれたばかりの一六〇九年、慶長十四年の秋のことだった。

当時、太平洋を間に挟むルソン島（現在のフィリピン）とメキシコはともにスペインの植民地下にあり、しばしば往来していた。このときも、マニラからメキシコのアカプルコに向けてスペイン船の「サン・フランシスコ号」が航行中だった。

ところが、途上、幾度か暴風に遭遇して房総半島まで漂流し、ついには御宿沖で岩礁《がんしょう》に乗り上げ、沈没するはめとなった。九月三十日未明のことである。

乗組員三百七十三人中、五十六人は溺死《できし》、残る三百十七人は御宿の村民によって救出されている。真偽《しんぎ》のほどは定かでないが、「海女たちが駆けつけて潜って救出した」「そのとき、自分の体温で瀕死《ひんし》の遭難者を温めた」（『ロペス大統領来町記念誌』）などのエピソードが伝えられている。十分にあり得ることである。

このときの遭難者の一人、ドン・ロドリゴがのちに書き残した『日本見聞録』には、詳細な顛末が綴られている。ロドリゴはメキシコ生まれのスペイン人で、当時はフィリピン臨時総督であり、任期を終えてメキシコに向けて帰国途上にあった。

九死に一生を得た彼ら一行に対して、江戸初期の日本の一地方の人々はどのような態度で接したか、ドン・ロドリゴはこう書き残している。

我らの不幸なる経歴を述べしに、彼らは大いに憐《あわれ》み、婦人は非常に同情深きがゆえに涕泣《ていきゅう》せり。而《しこう》して彼らみづから進んでその夫に対《むか》ひ、着物となへ綿を入れたる衣服を我らに貸与《たいよ》せんことを請ひたれば、彼らは予にはこれを与へ、諸人にも沢山貸与し、またその用ふる所の食物を惜《お》しむことなく供給せり。

これらの記述に見られるように、三百余名の一行は見知らぬ異国の地にあって、名もなき日本の国民が示した惻隠《そくいん》の情、親愛の情に触れ、深い感動に包まれた。

こののち、彼らは江戸で将軍徳川秀忠に招かれ、「何事にても望みのごとくすべきをもって安堵《あんど》すべし」との言葉をかけられて感激。さらに駿府《すんぷ》に至って家康に謁見《えっけん》した。家康は彼らの艱難労苦《かんなんろうく》に対してこう述べたという。

皇帝は当地に良き船あり、もしこれに乗りて新イスパニヤに渡る必要あらば、これを与へ、また出発に必要なる金銭を給すべきむね伝へんことを予に命ぜられたり。

ここに言う「皇帝」とは、家康のことである。秀忠に将軍職を譲っていたものの、依然として隠然《いんぜん》たる力を有していた。その家康からねんごろな言葉をかけてもらい、帰国支援の約束を受け、どんなにか安心したことだろう。

家康としても、この際、ドン・ロドリゴ一行と友好を深めることで対スペイン貿易の実利を挙げたいとも考えたに違いあるまい。

かくてロドリゴらは、およそ一年近く滞在し、家康の外交顧問だった三浦按針（ウィリアム・アダムス）が建造した百二十トンの船を提供されて無事メキシコに帰国することができたのである。

ちなみに、このときロドリゴらに同行してメキシコに赴《おもむ》いたのが京都の商人田中勝介である。彼は太平洋を渡った最初の日本人であり、前掲の教科書にも登場しているのは見たとおりである。

三、四百年の歳月を超えて伝えられた謝辞

ところで、メキシコでは無事に帰国したロドリゴらの報告を受け、翌年「遭難民送還に対し謝意を表する」（『ビスカイノ金銀島探検報告』）ため、探検家で宣教師のビスカイノを訪日させた。このビスカイノは、支倉常長《はせくらつねなが》が伊達政宗《だてまさむね》からスペイン派遣を命じられてメキシコに向かう際、同じ船に乗って帰国している。

かくてスペイン、メキシコとの友好は深まるかに見えたが、せっかく芽生えた交流の端緒《たんしょ》は、その後のいわゆる「鎖国」政策のもとで断絶する。

爾来《じらい》、御宿の人々がロドリゴらを救って四百年近い歳月が流れたが、メキシコは遠い過去の恩義を忘れなかったのである。昭和五十三年のメキシコ大統領の来日は、純粋に救援活動を展開した無名の日本人の子孫に感謝を表するための訪問にほかならなかった。

メキシコのロペス大統領来町（昭和53年）の記念碑

御宿町にあるメキシコ公園。日本、メキシコ、スペイン三国の交通発祥の記念塔

なお、日墨交流の歴史に関して、もう一つ、意外に知られていない史実を付言しておきたい。わが国とメキシコとが通商条約（日墨修好通商条約）を結んだのは、明治二十一年（一八八八年）十一月三十日のことである。

十九世紀後半の通商条約といえば、そのほとんどがわが国にとって不利な不平等条約であり、その是正《ぜせい》は明治後半の条約改正まで待たねばならなかった。ところが日墨修好通商条約は、わが国がアジア以外の国と結んだ最初の「平等条約」であった。

この条約調印はアメリカのワシントンで執り行われたが、日本代表は陸奥宗光《むつむねみつ》、メキシコ代表はマティアス・ロメロ駐米公使が共に署名した。メキシコにとってもアジアに属する国と結んだ初めての条約であった。

当時のアメリカの新聞には、日本の主権を認めたメキシコの態度を賞賛する記事が掲載されたという。のち、不平等条約の改正に成功する背景には、このような日墨関係が好影響を与えたに違いない。

日墨修好通商条約の第一条には「日本帝国と墨西哥《メキシコ》合衆国との間ならびに両国臣民《しんみん》および人民の間に永遠無窮《むきゅう》の平和親睦あるべし」と謳《うた》われているが、「永遠無窮の平和親睦」の証《あかし》は、紛れもなくサン・フランシスコ号救援活動を嚆矢《こうし》とする史実にあったのである。

鎖国下に見る幕末日本人の「進取の気象」

●ペリー来航にいかに対応したか●

一、西力東漸と日本の運命

ここでは幕末の明治維新期を取り上げることにする。通説では、ペリーが嘉永六年（一八五三年）に来航したときから明治維新がスタートしたと見る。その後、紆余曲折《うよきょくせつ》を経て明治新政府が成立して版籍奉還《はんせきほうかん》を断行し、かつての大名たちを知藩事に任命するも、それでは不十分だということで旧大名と武士のすべてをクビにした。完璧《かんぺき》なリストラであり、これが廃藩置県《はいはんちけん》である。

このペリー来航から廃藩置県までを、ひとまずここでは明治維新期と捉えておこう。そして、その開幕に当たるペリー来航時の出来事を素材に取り上げて、わが国がどのように異文明に対応したか、あらためて再考したい。

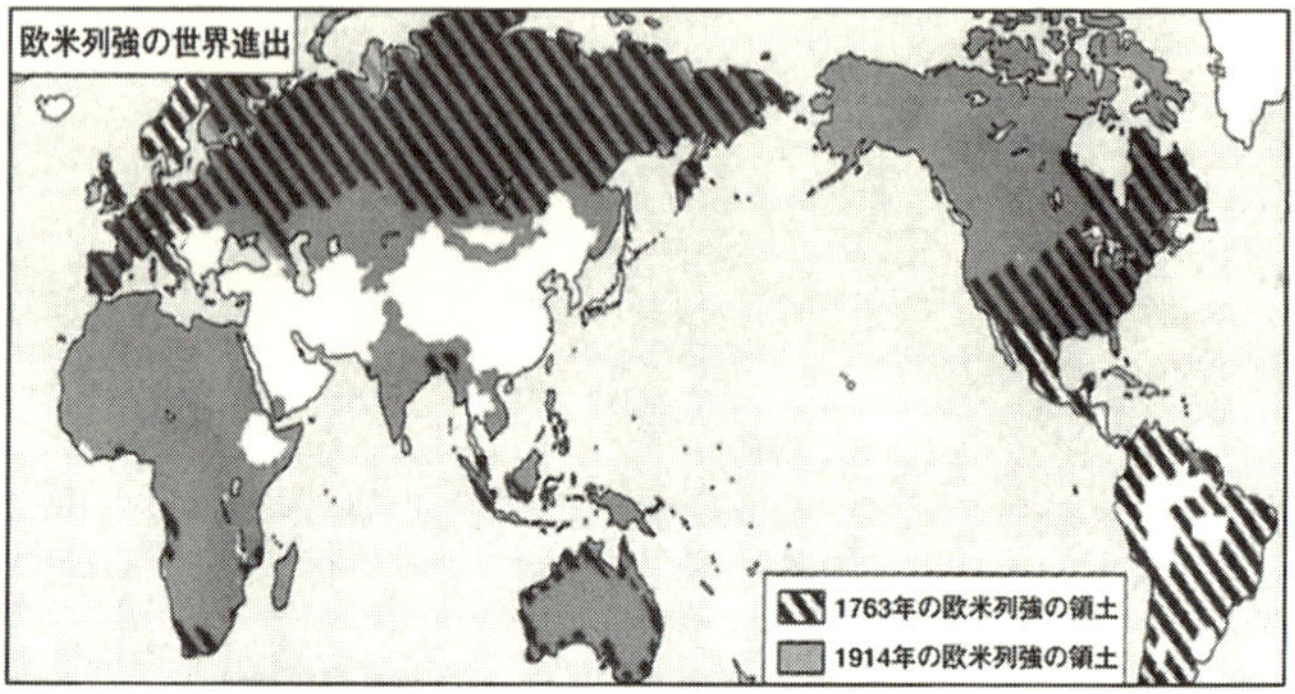

18世紀後半から20世紀初頭にいたる欧米列強の世界進出のようす

具体的には、教科書にも書かれているように、黒船四隻でペリーが来航し、日本人は仰天《ぎょうてん》したまま揺さぶりをかけられて開国を強要され、ついには不平等条約を結ばされたというのが一般の認識である。さて、それは本当なのかということである。

まず、世界地図をご覧いただきたい。これは二十世紀初頭の世界の勢力範囲を示したものである。そのころの世界の政治情勢は、アジア・アフリカは欧米諸国によって次々と植民地化の波に洗われていた。

このころまでに、独立を守ることのできたアジア・アフリカの国はどれくらいあったか。アフリカではリベリアとエチオピアのたった二か国だった。リベリアは、アメリカの手で人工的につくられた解放奴隷再入植の基地だったにすぎない。エチオピアにしても二十世紀前半には、結局、イタリアによって植民地化されてしまう。

一方アジアを見ると、独立を守ることのできた国はタイであった。タイの西側に隣接するのがビルマ（現在のミャンマー）であり、イギリスの植民地であった。タイの東側にはフランス領のベトナムが存在した。

したがって、イギリスとフランスの植民地に挟まれた形になって、結果的に双方が牽制《けんせい》しあって、タイは独立を守り得た。確かにタイの国王が優れた手腕の持ち主でもあり、その力もありはしたが、いずれにせよ、駆け引きの力学が働いて独立を保ち得た。そのほかはほとんどが植民地か半植民地化されていったというのが苛酷《かこく》な現実であった。

ところが、地図に明らかなように、もう一つ独立国家が存在した。それが日本である。わが国の場合は、紛《まぎ》れもなく自力で独立を守った。これは何も過剰な評価ではない。世界の歴史の流れを見ると、十九世紀後半から二十世紀初頭のころ、非情な国際政治のパワーゲームの中で、確実に独立を守ることができたのは日本しかない。

そういう歴史の流れの中で、わが国は幕末期を迎えた。

二、恐怖に陥ったピーク

では、ペリー来航の渦中《かちゅう》で、幕末日本人はどういう対応をしたか。

ペリーが乗ってきた船は「サスケハンナ号」という蒸気船であった。四隻のうち二隻が蒸気船で、いわゆる「黒船」と呼ばれた。あとの二隻は燃料補給のための石炭を積んだ帆《はん》船《せん》である。

この黒船を見た日本人は仰天し、大騒動に陥《おちい》ったと言われるのが通例で、その際の例として「太平の眠りを覚ます上喜撰《じょうきせん》たった四杯で夜も眠れず」という狂歌がしばしば引かれる。「上喜撰」というのは茶の銘柄だが、「蒸気船」に掛けている。お茶を飲んで眠れなくなったのと同じように、蒸気船を見て、その恐怖感でとても寝つけないというわけだ。それほど動転してしまったということを象徴する狂歌であろう。

また、当時の日本人がいかに驚いたかを示す絵で、「北アメリカ合衆国出師提督ペルリの肖像」というのがある。見ればまるで天狗《てんぐ》の顔である。こういう絵は主に浮世絵師が描いているが、いかに怯《おび》えたかを如実《にょじつ》に示すものとして紹介されることが多い。

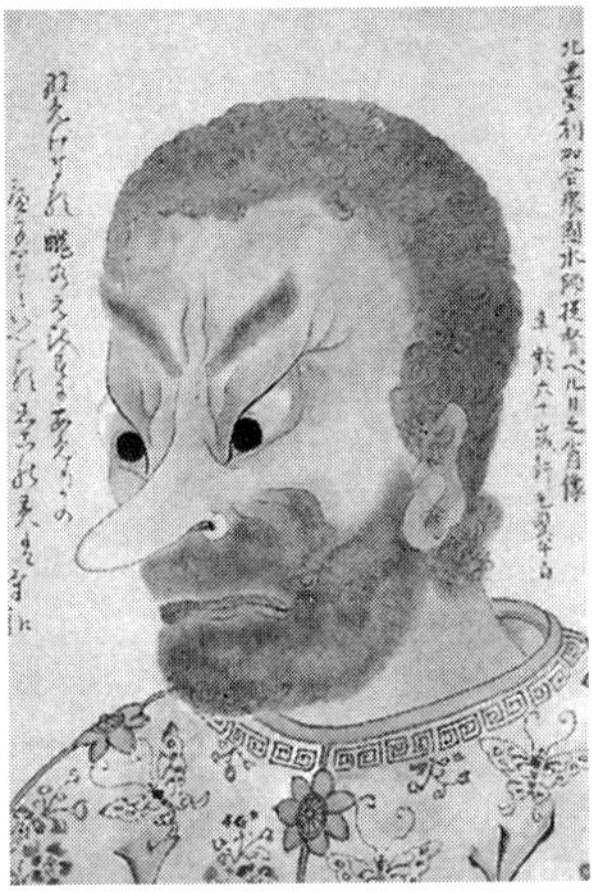

日本で描かれた「北アメリカ合衆国出師提督ペルリの肖像」

　しかし、こうした断片的な史料だけで、果たして幕末日本人の正確な像は見えてくるのだろうか、疑問なしとしない。幕末日本人の「驚き」はそれほど単純ではなく、きわめて深刻で具体的な驚きだったのである。

　実はペリー来航以前にも、例えば弘化三年（一八四六年）に東インド艦隊司令官ビッドルが軍艦二隻を率《ひき》いて来航しているが、わが国はそれほどまでには恐れはしなかった。にもかかわらず、なぜペリーの黒船に驚天動地となったかには相応《そうおう》の理由があったのだ。

　では、どの時点で幕末日本人は恐怖におののいたのか。黒船は六月三日の午後五時ころにやってきたが、ペリーが持参したフィルモア大統領による開国要求の国書の受理を日本側が初めに拒否したのは言うまでもない。

　これに対して、ペリーは受け取るまで帰らないということで、一進一退の緊迫した場面が続く。一週間ほど経って、幕府側は一応、国書だけは受理して、返事については来年まで待ってもらうべく伝える。

ペリーもこれを了承し、かくて久里浜《くりはま》において国書受理の儀式を終えることができ、浦賀奉行所の役人たちはホッと胸をなで下ろした。とにもかくにも、これで黒船が帰ってくれることになった。六月九日のことだった。

ペリー艦隊日本遠征図

ところが、用件を済ませたはずのペリー一行は、すぐには帰らなかった。なんと江戸湾の中に侵入したのである。ペリーとしては、一種のデモンストレーションと湾内の探索が目的だった。結局、黒船は江戸湾の奥深く、品川の近くまで進入している。この時点で幕末日本人の恐怖はピークに達した。

ではなぜ、この段階で恐怖におののくことになったのかという疑問が浮上してくる。このときの恐怖のカタチと中身を明らかにすることで、当時の国際認識の実像の一端に触れることができる。実は、ペリー一行の黒船がどんなに恐るべき船なのかということを、幕府の役人は知っていたのである。

三、恐るべき「ペグザン砲」

それまで世界の艦船に搭載《とうさい》されていた大砲は、単なる鉄の玉を発射させるだけのもので、着弾しても爆発はしないものだった。

なぜかというと、鉄の玉に火薬を詰め込んだ弾を使うと、当時の技術では発射の時点で自爆する恐れがあったからである。もちろん陸上での戦いでは、火薬を詰めた鉄の弾を用いていた。誤って自爆したとしても被害は最小限で済む。

しかし、船の上で自爆すれば乗組員全員が死に瀕《ひん》する。そのため、軍艦には火薬を詰めた弾を発射する大砲は搭載していなかったのである。

ところが、火薬入りの鉄の弾を用いても安全に発射可能な大砲を開発した人物が登場した。フランスの軍人でアンリ・ペグザンと言う。彼の名をとって、通称「ペグザン砲」、あるいはボンベ・カノンと名づけられた。

これを初めて軍艦に搭載したのがペリーだった。だからこそ、国書の受理も儀式も終わって帰ってくれるとばかり思っていた黒船が、江戸湾の奥深くまで入ってきたことで恐怖におののいた。当時の品川付近から発射されると、江戸城に確実に届く射程《しゃてい》だったからである。従来の大砲なら江戸城に穴があくだけだが、このペグザン砲だと人馬をなぎ倒すほどの破壊力に加え、火薬が爆発するため、江戸が火の海になることは明らかだった。

このように幕末日本人は、鎖国という閉鎖的な条件の中で、世界の最先端の技術開発を知っていたのである。しかも、香山栄左衛門《かやまえいざえもん》という浦賀奉行所の役人などがペグザン砲の仕組みを認識していたのだから驚かざるを得ない。

香山は、ペリー一行との交渉に当たった浦賀奉行所の役人にすぎない。事態が好転すると、ペリー一行は仲介の労をねぎらって香山栄左衛門らを黒船に招待して食事をご馳走してくれた。このときのようすは、『ペルリ提督日本遠征記』（岩波文庫）の中に記録されている。

酒を飲んで少し酔った香山は、船室に置いてあった地球儀に目を引かれる。そのときどんな行動をとったか、香山らのようすを遠征記はこう記録している。

　地球儀を面前に置いて、それに書いてある合衆国の地図に注意を促《うなが》すと（彼らは）直《す》ぐさまワシントンとニューヨークに指を置いた。あたかも一方がわが国の首府にして、他方が商業の中心地であることを知悉《ちしつ》しているかのごとくであった。（中略）船の汽罐《きかん》はアメリカの鉄道に使用されているものより大きいが、同じ機械ではないかと穿鑿《せんさく》したものであった。彼らはまた地峡《ちきょう》横断の運河がもう完成したかどうかとも訊《たず》ねた。これはおそらく当時建設中のパナマ鉄道のことを指して言ったのだろう。とにかく彼らはそれが両大洋を結びつけるために行われている事業たることを知っていたのであって、すでに見たことのある何かの名前に従ってキャナル（運河）と呼んだのである。（中略）

甲板《かんぱん》に出て見ると、乗り組みの士官や水兵たちは好奇心を抑制しきれずに、ここかしこに数団となっていたが、それにもかかわらず日本人たちは片時たりとも沈着を失うことなく、泰然《たいぜん》自若《じじゃく》として冷静な威厳ある態度を保っていた。彼らは大砲を観察して、それは「ペーザン」（Paixhan）型であると正確に語ったのであった。

閉鎖された日本列島の無知な日本人たちが、地球儀を初めて見てどんな反応をするか、米国士官たちは好奇の目で見ていたことだろう。

ところが、香山は地球儀をくるくると回し、ニューヨーク、ワシントンと正確に発音した。しかも、一方が政治的都市であり、もう一方が経済的都市であることまで知っていた。そして蒸気機関についてもすでに知識があり、パナマ地峡のことまで聞いてきた。

さらにそのうえに、まだ世界でもほとんど知られていなかったペグザン砲の最新知識まで持っていたのだから、先方が驚かないわけがない。

つまり、それほどの最新情報を知っていたがゆえに、江戸湾の奥深くまで黒船が入ってきたとき、幕末日本人の恐怖はピークに達したというのが真相である。

四、幕末日本人が示した進取の気象

そこで考えるべきは、あの鎖国下で、なぜそれほどの最新の知識を持っていたのだろうかという点である。

実はペリー来航のしばらく前のことであるが、長州の萩《はぎ》から無名の若者が、八月下旬、従者を一人だけ連れて平戸、長崎に旅に出ている。

下関海峡を渡ってすぐに発熱し、旅館で医者の治療を受けた。治療を受けながら、その若者は医者にいろいろと質問をする。すると、この医者は帆足万里《ほあしばんり》の学風を継いだ弟子の一人だということが分かる。

そこで、帆足万里先生について自分も知りたいから、本を貸してほしいと頼んだ。医者は一風変わった若者だと思ったに違いない。彼は借りた本を夢中で読んだ。すると翌朝には熱が引いていたという。彼の旅日記『西遊日記』に書かれているひとこまである。

この若者こそ、若き日の吉田松陰にほかならない（吉田松陰の遊学については一九二ページ「諸国遊学の中の吉田松陰」を参照）。

松陰は目的地の長崎・平戸を訪れると、地元の学者から本を借り、猛烈な勢いで次々と読破していく。このときに彼が読んで摘録《てきろく》した一つが、近代科学兵器に敗れたアヘン戦争の原因を解明した書物や報告書だった。

清国《しんこく》の優れた学者が後世のために書き残したこの報告書を、当の清国の若者はほとんど読まなかった。これを心魂《しんこん》を込めて誰が読んだか。日本の無名の若者たちが読んだのである。その一人が吉田松陰だった。

松陰は、これらの文献を借り出しては読みながらメモを取っている。「豊島に至り、百幾撤私（ペキサンス）・台場電覧・炮台概言を借りて帰る。佛郎西（フランス）の砲将百幾撤私はボンベカノン・柘榴《せきりゅう》カノンを用う、うんぬん。千八百二十二年。この書大いに世に行はる。……盆鼈葛農（ボンベカノン）と蒸気船は、海兵の法を革正《かくせい》するにもっとも緊要」

さらには、こうも書いている。「葛農蒸気船はいずかたの風にも、また風なきも、みな意に従ひて港内に出入し得るなり。暗礁および浜汀砲場をも免避してその害を蒙《こうむ》らず、水浅けれども渡行すべく、帆ばしらを建てず、帆を揚げず、近きに至らざれば認め難し。ゆえに盆鼈葛農を備え、敵に一驚を食はしむべし」

この日記は嘉永三年（一八五〇年）に書かれている。つまりペリー来航の三年前のことだ。すでにこの時点で、まったく無名の若者ですら、フランス軍人のアンリ・ペグザンがボンベカノンという大砲を開発したこと、これを目立ちやすい帆を張らずに沿岸に接近可能な蒸気船に搭載して敵地に迫れば、相手は仰天するに違いないと洞察していたのである。

驚くのは、松陰が考えたと同様のことを、ペリーはフィルモア大統領に進言して、日本開国の艦隊を編成した点である。松陰とペリーのそれぞれの戦略は、期せずして一致を見ていた。したがって、幕府の末端の役人が知っていて当然であろう。その後の清国が日本におよそ三十年の遅れをとるに至った背景は、ここにあると言ってよい。

それとあわせて、日本が苛烈《かれつ》な国際政治のパワーゲームの中で独立を守り得た稀有《けう》の要因は、ここに見られるような幕末日本人の進取《しんしゅ》の気象にあった、と筆者は見ている。

要するに、少なからぬ「国際知識」があったがゆえに事態の本質を見抜いたのであり、だからこそ心胆《しんたん》を寒《さむ》からしむる恐怖に襲われたわけである。

この恐怖があったればこそ、その後の列強に伍《ご》すための必死の対策が澎湃《ほうはい》として起こってくるし、ひいては明治日本を興《おこ》すエネルギーともなった。この点を押さえなければ、世界史的観点に立つペリー来航事件の全貌《ぜんぼう》は見えてこない。

幕末日米交渉の光と影

●「マニフェスト・ディスティニィ」とは何か●

一、日本に矛先を向けた米国西進主義

筆者は、前項において黒船の威力を自前《じまえ》で理解した幕末日本人について述べたが、その背景に潜んでいたアメリカ独自の戦略思想には言及しなかった。この点を中心に項を改めてここに取り上げる。

実は、わが国が相手としたのは、ペリーによる開国の要求であるとともに、「西進」を神の意思とみなすアメリカ独特のイデオロギーだった。幸い、このイデオロギーとの接触は、結果として全面対決には至らず、混乱をもたらしたにせよ、平和裡《り》に交渉妥結したのだが、しかし、その後の日米関係に長く伏在《ふくざい》したのである。

周知のとおり、昭和二十年九月二日、軍艦ミズーリ号上での降伏文書調印式が執り行わ

れたが、実はこのとき、甲板の砲塔の側壁には、過ぐる九十二年前のペリー遠征時に使用した「星条旗」が掲げられていたことはあまり知られていない。

この印象的な光景は、記録映画「東京裁判」のフィルムで視認することができるが、見逃し得ないアメリカ一流の演出である。そうした演出の裏側に、アメリカの長年に及ぶ対日政策のイデオロギーのカタチが垣間《かいま》見える。

軍艦ミズーリ号上に掲げられたペリー遠征時に使用した「星条旗」

それこそ、十九世紀半ばごろからアメリカ人の間に広がって大義と化した「マニフェスト・ディスティニィ」（明白な運命）と呼ばれる膨脹《ぼうちょう》主義政策にほかならない。

当時、インディアンを迫害しながら西部開拓を推し進めていたアメリカは、一八四五年にメキシコからテキサスを奪って併合に成功するが、このころから領土拡張は人口増加による当然の政策であり、神から与えられた「明白な運命」であると言い立てて正当化され、以後この考え方は太平洋

厚木飛行場に降り立つマッカーサー

ミズーリ艦上で降伏文書に調印する重光葵

をも越えて膨張していくアメリカの正義とみなされた。

嘉永六年（一八五三年）の「ペリー来航」にはじまり、昭和二十年（一九四五年）のミズーリ艦上の降伏文書調印式に至ってようやく果たし得たものは、このマニフェスト・ディスティニィの実現であったと見ることができる。だからこそ、ペリーの「星条旗」をわざわざミズーリ号に掲げてきたわけである。

それは降伏文書調印式終了後、連合国軍最高司令官ダグラス・マッカーサーがアメリカ国民に対して送ったメッセージにも明らかである。

彼は、

「われわれは今日、わが米国人ペリー提督ゆかりの地、東京湾に立っている。ペリー提督の目的は、当時の日本から鎖国のベールを取り払って世界各国との友好、平和的通商への門戸を開き、この国に光と進歩をもたらすことだった」

と回想し、第二のペリーを自任した。

また、わが国が敗戦した当日の『ニューヨーク・タイムズ』は、もっとはっきり、「われわれは、初めてペリー以来の願望を達した。もはや太平洋に邪魔者はいない。これで中国大陸のマーケットはわれわれのものになるのだ」

との趣旨を掲げて紙面を飾っている。

いずれも、ペリー以来の対日戦略が何であったのか、さながらに示している史実ではないか。まさにペリー来航は、単に開国を求めたものではなく、アメリカが信奉するマニフェスト・ディスティニィと呼ばれる世界戦略が、わが国に矛先《ほこさき》を向けた抜き差しならない事件だったのである。

ちなみに、この「マニフェスト・ディスティニィ」なる用語は、一八四五年にオサリバンというジャーナリストが初めて用いたと言われる。

オサリバンは、テキサス併合に際して「わが国の住民を西へと押し動かしていく一般的法則の不可避的な実現の過程」であると断じ、「年々増加する何百万人ものわが国民の自由な発展のために、神が割り当て給《たも》うたこの大陸をおおって拡大していく」のは、「われわれの明白な運命」であると説いた（大澤正道著『宿命の日米対決史の謎』）。

その時点から、アメリカによる「西進」は、西方の世界にとって福音をもたらす大義と化したのである。まさに壮大とも言える独善的な啓蒙《けいもう》主義であり、善《よ》くも悪《あ》しくもそれがアメリカだったということは認識しておくべきである。

ここまでの理解があって初めて、アメリカという国のダイナッミックさ、また対外政策に際しては万事に大義名分を必要とする性格などが判明するのであって、そのことを抜きにして日米交渉史は厚みをもって語れはしないのである。

二、日本開国を演出したアーロン・ヘイト・パルマー

以上のアメリカが信奉した「明白な運命」と呼ぶ独自のイデオロギーの具現化は、それを積極果敢《かかん》に推し進める人物の力に与《あずか》って実現に至ったことも見落としてはならない。その人物こそペリーの日本遠征に最も貢献したと言われるアーロン・ヘイト・パルマーである。

彼はニューヨークの実業家でありながら、国務省の顧問や海軍省の嘱託《しょくたく》まで務めたアメリカきっての西進主義者であり、のちにペリーによる日本開国の陰の功労者としてアメリカ議会から表彰までされた人物である。

ペリーが「ペグザン砲」を搭載した蒸気船を率いて日本に開国を迫った背景を知ろうとするとき、まっさきに取り上げてしかるべき人物である。

この人物を筆者が初めて知ったのは、先年逝去《せいきょ》された文芸評論家で筑波大学名誉教授の村松剛《たけし》氏の教示（平成四年夏に開かれた社団法人国民文化研究会主催の「全国学生・青年合宿教室」における講義）によるものである。

村松氏は、アメリカにまで出向かれて収集されたパルマーの原文史料に基づいて仔細《しさい》に「マニフェスト・ディスティニィ」の全貌を読み解かれたが、これらの事実を書き留めた史書はきわめて稀《まれ》である。わずかに、明治維新史として定評のある維新史料編纂事務局発行の『維新史』（全六巻）の第一巻には、次のように取り上げられている。

嘉永二年（一八四九年）、東洋に関して豊富な智識を有したパーマーは、国務長官クレートンに東洋諸国との通商関係を促進せしむべきを建議した。

次いで嘉永三年（一八五〇年）、彼はその知友である長崎の和蘭甲比丹《オランダカピタン》レフィソーンに対し、前記建議の書類と共に一通の私信を送付した。すなわち曩《さき》に日本沿岸において難破したローレンス号・ラゴダ号の船員は貴下の仁恵によって帰国したが、彼らが日本において非道の取り扱いにあったという説がもっぱらなるゆえ、米国は軍隊を江戸に出して日本を開国せしめ、かつ桑港《サンフランシスコ》と上海《シャンハイ》・広東《カントン》間との航路の必要に応じ、松前・対馬《つしま》・琉球に貯炭所《ちょたんしょ》を設けさせるため、武力をもってしても、その目的を貫徹しようとしている。

これはもとより物質豊饒《ほうじょう》なる日本国の政府をして鎖国の法度《はっと》を停《や》め、政務を改革せしめる所以《ゆえん》である。

しこうして、これは日本にとっても重要な事であるをもって、貴下は日本の知人にその旨を告知せられたいとの文意であった。その翌年パーマーはさらに大統領フィルモアに建議して、日本に向け有力な艦隊護衛のもとに特使を派遣すべきを説き、ようやく政府を動かしたもののごとくであった。

（四五一頁～四五二頁）

三、開国要求の舞台裏

アメリカはテキサス併合後、一八四八年に米墨《べいぼく》戦争の勝利の結果、カリフォルニアを獲得し、その領土はついに太平洋岸に達した。

すでに、西進することこそ「マニフェスト・ディスティニィ」と信じていたアメリカは、当然のごとく太平洋に浮かぶハワイ、日本、そして清国に熱いまなざしを注ぐことになった。この野望を実現すべく活躍したパルマーの奔走《ほんそう》ぶりが、簡略な叙述のなかに明らかに見てとれる。

多少の補足をすれば、彼の戦略はこういうことであった。

アメリカにとって極東への道程は太平洋を渡るのがいちばんである。ただし、この最短航路には難点があった。よしんばハワイに寄港して水と燃料と食糧を積み込んでも、それから先は、日本は鎖国をしているので寄港できる港がない。

したがって、極東に向かおうとすると、大西洋を渡りアフリカ大陸を迂回《うかい》して、インド洋からマラッカ海峡を抜けて行くほかかない。

しかも、アメリカは植民地を持たないので、寄港する際は世界各地に植民地を持つイギリスに頼らざるを得ない。当時、英米の仲は独立戦争以来険悪だったから、そうした世話を受けずに極東をめざそうとするならハワイを手に入れて、さらに日本に寄港地を求めるしかない。

このプランこそ、パルマーにとって「マニフェスト・ディスティニィ」を実現するための絶対不可欠の選択肢《せんたくし》だったわけである。

こうした目論見《もくろみ》を前提として、『維新史』の記述にあるとおり、パルマーは当時の国務長官クレイトンに日本開国の具体的戦略を熱心に説き及んだ。

このときのパルマーの建白書には、まずシナ海にアメリカの全艦隊を浮かべて、真っすぐに首府江戸にまで行かせ、下級役人との折衝《せっしょう》は避け、将軍もしくは幕府のしかるべき部局の長に面会を求めるべきだと主張している。

そのうえで幕府に対して、無条件に最後通牒《つうちょう》を突きつけるべしと説いた。では、日本側から鎖国を理由に拒否されたらどうするか。

彼は、もし最後通牒が拒否された場合は、ただちに品川を制圧せよと提起した。なぜなら江戸の外港は品川であり、ここは江戸市民の膨大《ぼうだい》な食糧が集積されてくる地であるから、封鎖してしまえば江戸は機能停止すること必定《ひつじょう》であり、したがって幕府も交渉に応じるほかなくなるだろうというわけである。

その緻密《ちみつ》な日本研究と作戦には驚かざるを得ない。こうした軍事力を背景に交渉を迫るべきだとするパルマーの戦略案を念頭に置いてペリーは来日したのであって、決して素朴な友誼《ゆうぎ》と通商を求めての来航ではなかった点は再認識されるべきである。

実際、ペリーは出航前にパルマーと幾度も会って日本に関する情報を聞き、一八五二年十月二十九日に最後の打ち合わせをしたのち、十一月末にノーフォークを出港している。なるほど国際政治の苛烈《かれつ》さは、当時も今も本質的に変わりはしないのである。

四、誤解と錯覚を生み出すメカニズム

ところで、ここで注意しておきたいのは、先に引いた『維新史』に叙述されているローレンス号およびラゴダ号の船員が日本に漂着して「非道の取り扱い」を受けた、というくだりである。

この情報は、日本人に対する偏見を植えつけることとなり、パルマーをして武力発動も辞さずとする強硬論を増幅せしむる契機となったのだが、どうも、このアメリカ側の日本

非難はあまりに早計な断定だったようである。

捕鯨船《ほげいせん》ローレンス号が北太平洋で遭難したのは、一八四六年六月のことであった。結果、乗組員のうち生き残った七人は千島列島の一つである択捉島《えとろふとう》に漂着した。択捉島の役人はただちに彼らを定法《じょうほう》に従って拘留《こうりゅう》し、江戸幕府に指示を仰いだ。幕府の返答が択捉島にもたらされたのは晩秋に近かった。

その内容は、冬の海は危険であるから翌年の春を待てという指示であり、春を迎えたならば看守をつけて長崎まで同道し、オランダ船に乗せてバタビアに送るという段取りだった。確かにそのとおりに事は進められ、途中で亡くなった一人を除いて六人の遭難者は無事アメリカに戻ることができたのである。

にもかかわらず、アメリカ本国では日本側がアメリカ人遭難者に対して残虐《ざんぎゃく》な扱いをしたという非難が沸き起こった。これは、遭難者の一人である二等航海士ジョージ・ホウが、アメリカへの帰途、シンガポールの『ストリート・タイムズ』紙に載せた誤解に満ちた体験談が、アメリカの新聞に転載されたからである。

この遭難者によると、長い間小屋に閉じ込められ、食事といえば米と魚という最低のものであり、ときには「スキー（Sukee)」と呼ばれるアルコールの一種を飲まされたが、どうもアルコールらしきもので酔わせて、スパイ活動でも白状させようとしたのではないか、と回想している。

さらに長崎に護送されるときは、小さな箱に押し込められてフタまでしめられ、耐え難い拷問《ごうもん》を受け続けたと訴えた。

このような同胞の体験談に接し、アメリカ人が激高したのは言うまでもない。パルマーとて同様で、上述の建白書で「残虐な扱いをした日本に対して一人当たり五千ドルの補償をさせよ。さらにその要求のために派遣することになる艦隊の経費もいっさいを日本側に支払わせよ」などと主張したほどである。

五、真実を伝える難しさ

ところが、どうもこれらの多くは、彼らのはなはだしい誤解にもとづく非難だったようである。フォスター・リーア・ダレス著『さむらいとヤンキー――日米交渉秘史』（読売新聞社）によれば、食事に供された米と魚は「日本ではごく普通の食事」だったのだし、むしろ稲作が北海道に及んでくるのが明治維新以後であることを考えると、酒まで添《そ》えた最高の待遇だったとも言えるであろう。

また「小さな箱の中に押し込められた」というのは、「駕籠《かご》」のことに違いないとダレスは言う。しかもフタまでついているとしたら「日本の上流社会で用いられていたもの」であり、このような乗り物で旅ができれば、「ぜいたく」なことだったわけである。

ただ背の高いアメリカ人にとって、道中、狭い駕籠の中で過ごしたことが苦痛だったことは想像できる。しかし、決してホウの証言のように拷問のためのものでなかったことは明白であろう。

同じころに発生したラゴダ号事件の場合は、もっとはっきりしている。捕鯨船ラゴダ号に乗り組んでいた船員十五人がボートで北海道の松前近くに漂着し、その後、長崎に送られたのち本国へ帰っている。

これまた帰国後の彼らの証言によって、日本における「残酷な監獄生活」や看守の「非人間的な蛮行《ばんこう》」がセンセーショナルに取り上げられ、日本非難の大合唱が起こった。

ところが、このときの十五人のアメリカ船員は遭難者ではなく、ラゴダ号の船内で発生した反逆者で、ボートで脱走を企《くわだ》てた者たちだったのである。しかも日本での拘留中、しばしば脱走を図ったり、仲間と喧嘩で殺し合うなど、まったく手に負えないほどの狼藉《ろうぜき》をくり返した無頼漢《ぶらいかん》であった。

このことは、彼らを日本側からもらい受けたグリン司令官の知るところとなり、公式報告書に明らかとなったにもかかわらず、マスコミに煽《あお》られて多くのアメリカ人には残酷な日本人という固定観念が染みついてしまったのである。ただし、パルマーは増幅された情報に気づいたためか、のちに日本への補償金要求の建議についてはとり下げている。

いずれにせよ、以上見てきたごとく、一方的な誤報によって対日イメージはゆがめられて伝わり、アメリカ人を激怒させ、その時期にタイミングよく「マニフェスト・ディスティニィ」と呼ぶ思想に保障された西進政策が重なった。

そのうえ、中国市場に割り込むためには必須の条件である日本開国を目論《もくろ》むパルマーの強硬論に支えられたのが、最新兵器を搭載したペリーによる日本遠征であり、恫喝《どうかつ》外交だったのである。

よくぞこの危機を切り抜けたものだと思うが、そこには黒船騒動の渦中にあっても努めて冷静に相手の実像の一端を見抜くほどの見識が幕末日本人にあったからであり、また鎖国下にありながらも、幕末日本人が示した見識に舌を巻いたアメリカならではの理解力によるものだったとも言えよう。

日本・トルコ交流史に刻まれた「惻隠の情」

●エルトゥールル号事件と「大島」島民●

一、危機に瀕したテヘラン在留邦人

昭和六十年（一九八五年）三月十八日の『朝日新聞』朝刊に、「イラン上空飛行すれば攻撃／イラクが民間機に警告」という見出しが躍った。当時はイラン・イラク戦争（一九八〇～八八年）の真っ只中《ただなか》であり、長びく戦闘にしびれを切らしたイラクのサダム・フセインは、ついに総攻撃体制に入ったのである。

その一環として、あろうことか、テヘラン上空を航行する航空機はいずれの国のものであろうと撃墜《げきつい》するという方針に出た。期限は新聞掲載の二日後、日本時間の三月二十日午後二時である。

明けて十九日の朝刊トップは「邦人に動揺広がる／脱出路探しに必死」と大きく報道。

外国の航空機の特別便が一部運航することにはなったものの、自国民優先のため日本人ははじき出されてしまい、邦人一行の不安におののくさまを伝えた。

トルコ航空による邦人215人の救出を知らせる新聞記事

外務省は救援機派遣を日本航空に依頼したが、「帰る際の安全が保障されない」として、日本航空側はイラン乗り入れを断念したという。事態はますます深刻度を増した。同日夕刊には「テヘラン邦人三百人以上待機」という見出しを掲げ、現地に釘《くぎ》付《づ》けとなった邦人の孤立状況が続報された。

こうして、もはや万事休すと思われた土《ど》壇《たん》場《ば》、翌二十日の朝刊に「テヘラン在留邦人／希望者ほぼ全員出国／トルコ航空で二百十五人」という朗報が載った。

なんとトルコ航空機がテヘランに乗り入れ、邦人二百十五人を救出してくれたのである。まさに間一髪《かんいっぱつ》であった。掲載された写真には、無事脱出できた子供たちを含む邦人家族の喜びの顔が写っている。

さて、なぜトルコが危険を冒《おか》してまで邦人を助けたのかということであるが、この疑問に対して『朝日新聞』の記事はこうである。すなわち「日本がこのところ対トルコ経済援助を強化していること」などが影響しているのではないかと、当《あ》て推量《すいりょう》を書いておしまいなのである。

危機に瀕《ひん》した日本人にトルコが救助の手を差し伸べた背景には、実は両国の間に深い交流の歴史が存在する。この記事を書いた記者が知らないだけである。トルコは長い間、日本に対する親愛の情を育ててきた国なのである。

二、トルコ国民に顕彰されている史実

その証左として、平成九年一月の『産経新聞』に載った駐日トルコ大使ネジャッティ・ウトカン氏（現在は任期を終えて帰国）のコラムの一部を紹介する。これを読むだけでも、トルコがなぜ日本に親愛の情を寄せるに至ったかの消息が明らかになろう。それは日露戦

争をさらに遡《さかのぼ》る明治二十三年の出来事に端を発している。

勤勉な国民、原爆被爆国。若いころ、私はこんなイメージを日本に対して持っていた。中でもいちばん先に思い浮かべるのは軍艦エルトゥールル号だ。一八八七年に皇族がオスマン帝国（現トルコ）を訪問したのを受け一八九〇年六月、エルトゥールル号は初のトルコ使節団を乗せ、横浜港に入港した。三か月後、両国の友好を深めたあと、エルトゥールル号は日本を離れたが、台風に遭い和歌山県の串本沖で沈没してしまった。

悲劇ではあったが、この事故は日本との民間レベルの友好関係の始まりでもあった。このとき、乗組員中六百人近くが死亡した。しかし、約七十人は地元民に救助された。手厚い看護を受け、その後、日本の船で無事トルコに帰国している。当時、日本国内では犠牲者と遺族への義援金も集められ、遭難現場付近の岬《みさき》と地中海に面するトルコ南岸の双方に慰霊碑が建てられた。エルトゥールル号遭難はトルコの歴史教科書にも掲載され、私も幼いころに学校で学んだ。子供でさえ知らない者はいないほど歴史上重要な出来事だ。

ここにネジャッティ・ウトカン氏が取り上げたエルトゥールル号遭難の際、約七十人のトルコ人を救助した地元民とは、和歌山県沖に浮かぶ大島の島民のことである。当時、通信機関も救助機関もない離島のことでもあり、折からの台風の直撃を受けて救援活動は至難をきわめたと伝えられている。

三、「大島」島民挙げての救援活動

救援の指揮をとった村長の沖周《おきしゅう》が残した克明な日記によれば、

「ただちに現場に至り視《み》るに、船体の破片、あたかも山をなし、海面死体の激浪《げきろう》の中に浮沈しあるをもって、ただちに人夫を出して負傷者を担《かつ》ぎ、寺院に移さしめ……」

というように、その光景は目を覆《おお》うばかりの惨状《さんじょう》だった。しかるにこのとき、沖村長を中心に島民たちは怯《ひる》むことなく、想像を絶する救助に立ち向かったのである。

のち、彼ら島民が往事を回顧した新聞記事には、その場面が活写されていて、救援活動の一端がしのばれる。

「まず生きた人を救え！　海水で血を洗い、兵児帯《へこおび》で包帯をし、泣く者、わめく者を背負って二百尺の断崖をよじのぼる者は無我夢中……」（『紀伊半島日日』昭和十二年六月三日）といった状況だった。

筆者は先年、この島を訪ねて見て驚いた。この二百尺の断崖とは、灯台が立つ大島東端の樫野崎《かしのざき》から見下ろす約六十メートルほどの息を呑むような急峻《きゅうしゅん》であった。怒濤《どとう》に揉《も》まれ岩礁《がんしょう》に打ちつけられて深手《ふかで》を負った瀕死のトルコ人たちを背負ってこの断崖をよじのぼり、火をおこすのもままならぬ事態の中、島民は人肌で温めて精魂の限りを尽くしたという。

険しい断崖の遭難現場（筆者撮影）

さらには非常事態に備えて貯えていた甘藷《かんしょ》や鶏などの食糧のいっさいを提供して精をつけさせ、彼らの生命の回復に努めている。当時わずか四百戸にすぎなかった大島は、たちまち食糧が欠乏したというが、そこまでして、正確には六十九人のトルコ人を救った。

この救援活動の詳細な消息は、陣頭指揮をとった沖周がみずからまとめた『土耳其《トルコ》軍艦アルトグラー號難事取扱ニ係ル日記』に克明に記されている。今や知る人も知ろうとする人も少ないだけである。

ちなみに、エルトゥールル号遭難四年前の明治十九年には、同じく紀州沖でイギリス貨物船ノルマントン号の事件が起きている。こちらのほうは、現在も小中高の歴史教科書に掲載されていて、多くの子供たちも周知している。

「ノルマントン号事件（ビゴー作）」のことは学校で誰もが学ぶ

船長のドレイク以下、イギリス船員は全員がボートで脱出したが、乗り合わせていた日本人乗客二十五名は見捨てられ、全員が溺死《できし》するという無残な結末となった。にもかかわらず、領事裁判権を持つイギリス領事は船長に無罪判決を下した。のち日本政府は船長を殺人罪で告訴したが、三か月の禁固程度で賠償はいっさい却下されるという、まさに不平等条約の非情さを天下に知らしめた事件である。

この屈辱的な出来事からほどなくしてエルトゥールル号の遭難事件は起きている。大島の村民もノルマントン号事件については知っていたことであろう。それでも異国の人々の救助に島を挙げて献身した。

四、「当然のことをしたまでです」

平成十三年二月、『産経新聞』の取材に対して、現駐日トルコ大使のヤマン・バシュクット氏は、「特別機を派遣した理由の一つがトルコ人の親日感情でした。その原点となったのは、一八九〇年のエルトゥールル号の海難事故です」（『産経新聞』平成十三年五月六日〈日本人の足跡〉）と述べたというが、以上の顚末を指しているのは言うまでもない。

いったいこの大島島民の精神の高さはどこから来るのか、二人の識者の発言を参考にしてみたい。以下に紹介するのは、トルコ大使遠山敦子《とおやまあつこ》氏（現文部科学大臣）と東京大学教授山内昌之《やまうちまさゆき》氏の対談のひとこまである（中央公論社『世界の歴史』第二十巻月報）。

山内　明治時代の初等教育の普及率は大変な高さですね。小学校の就学率は、明治三十年代で九〇パーセントを突破します。一八九一年（明治二十四年）には非識字者は二六・六パーセントでしたが、明治の最後の年になると字が読めない人の率は二・

九パーセントに低下しています。

これには、文字を読むことができて、日常の基礎的な常識を持った社会人をつくるという国や産業界からの要請と、国民の側の「義務教育は自分たちの権利である」という認識がうまく重なったことによります。

これが明治日本の成功の大きな理由だと思います。そして、そこにエルトゥールル号救助の際の献身的な行為が生み出されてくる。

遠山 そのとき、救助にあたった村民たちがエルトゥールル号の乗組員を人肌で温めて蘇生《そせい》させたとか、村中のニワトリをかき集めてご馳走したとか、エルトゥールル号事件には、私は大変感動しておりまして……。

言葉は通じないけれど、一八九〇年にすでに日本の国民は、地方でもオープンマインドを持っていて、いざというときには人類愛というか人間愛を発揮できたんですね。

山内 そこに困っている人たちがいる、遭難している人たちがいたら助ける、そこに理屈は何もない。この無償の行為に強く心がうたれますね。やはり初等教育の普及といったことが背景にあって、知らず知らずに人間愛が生まれてくる。これがやはり文明というものだと思います。

エルトゥールル号遭難碑(右)とその近くに建つ「弔魂碑」(左、筆者撮影)

ここで東京大学教授の山内昌之氏は、初等教育の普及をその理由として挙げている。

確かに沖村長とともに救援活動に最も功労があったとされる樫野区長の斉藤半之右ヱ門は、当時、樫野小学校創立期の学務委員として初等教育の確立に尽力した人物であった。救援活動の過労と心労のためか翌年死去したが、こうした地方教育に尽くした明治人の力は大きかっただろう。

ただ筆者は、近代教育が与えた影響は否定しないが、むしろ「惻隠《そくいん》の情」は江戸時代から地下水のごとく育《はぐく》まれていたと見るべきではないかと想像する。

いずれにせよ、一世紀を経た昭和六十年に、危険をも顧みずトルコがテヘランに孤立した日本人を救出に向かったのは、エルトゥールル号事件に対する感謝をなお心に刻《きざ》みつけていてくれたからにほかならない。もちろん、トルコの人たちは、そんなことはおくびにも出さずに救助の手を差し伸べた。

先年、エルトゥールル号事件のことを日本史授業の教材にしたいと考え、トルコ大使館に問い合わせた折、邦人の救出に対して感謝の旨を伝えると、大使は担当者を通じて「いや、大したことではありません。当然のことをしたまでですよ」と、こともなげに謙遜《けんそん》されたが、忘れがたい言葉である。

五、今どきの十七歳の反応

今どきの高校生であっても、エルトゥールル号救援活動のような史実に触れると、それまでどんなに歪《ゆが》んだ歴史教育の洗礼を受けていても、こんな感慨を抱くものである。

私は日本人でありながら、日本人という人間があまり好きではなかった。私も含めて日本人は、冷酷《れいこく》で自己中心的で、自分の幸せだけを見つめて生きていく人間だと思っていたからだ。自分の国の人たちが、今にも攻撃され死んでいくという危機の中、日本人という奴《やつ》は見捨てたのだ。自分の命一つが惜《お》しいがためだけに、二百十五名の尊い命を見捨てたのだ。信じられないと思った反面、日本人なんて、そんなものさという思いもあった。

そんな絶望の淵《ふち》に立っていた日本人を救ったのは、トルコ人だった。私は最初、どうしてトルコ人がこんなことをするのか分からなかった。お金のためと聞いたとき、ああ、そうかと思った。しかしすぐに、そんな無知な自分を恥じた。トルコ人は善意の人たちだった。しかし、それよりもさらに善意の人だったのは、私が今までさんざん毛嫌いし、見下してきた、当時、鎖国が開けてすぐの日本の、大島の島人だった。

この話を聞いて、私は鳥肌が立った。日本人という人間が、こんなにすばらしかったなんて……。本当に心から救われたような気がした。そして、その恩を返すべくトルコ人の日本人救出の飛行機……。まるで恩のキャッチボールではないか。

今、そのボールは日本にある。八月十九日、七十四歳の老人を日本人が救出したことなど、ほんのはじまりに過ぎない。果たして、私たちにどんなことができるのか、それを考えなければならない。何ができるか。何かしなければ……。私のボールはまだ私のグローブの中に収まったままだ。

ここにいう「八月十九日、七十四歳の老人を日本人が救出したこと」とは、平成十一年に起きたトルコ大地震において、日本は最新機器を持ち込んで救援活動を展開し、瓦礫《がれき》の中から一人の老女を救出した出来事のことである。その奇跡的とも言える救出劇も、ほんのはじまりに過ぎないというのだ。

本物の歴史は、ここまでの感化力を持っている。鳥肌が立った——もちろん恐怖からではなく、感動によって身の引き締まる思いがしたというこの十七歳の高校生の胸に去来《きょらい》したものは、おそらくは日本人である自分はどうあるべきなのかという真摯《しんし》な自問自答だったのであろう。

かつて内村鑑三《うちむらかんぞう》は、後世に遺《のこ》す最大のプレゼントは何かと問われて、それは「勇ましい高尚な生涯」であると応じた。虚心になってわが国の歴史の扉を開けば、そこには有名無名を問わず、大島の島民が示したような「勇ましい高尚な生涯」が刻まれていることに気づく。そのとき、必ずやおのれの胸の奥に勇気が泉のごとく湧き上がるに違いない。

芝山巌教育の灯

●台湾近代教育に献身した教師たち●

一、アジアに展開された植民地政策

アジアの植民地に及ぼした影響という点では、日本は他の列強と比べて際立《きわだ》っていた。アメリカにおける日本植民地研究の第一人者であるスタンフォード大学フーバー研究所上級研究員のマーク・ピーティー教授は、

「西アフリカの研究者は過去の植民地統治で統治者側が無知で怠慢《たいまん》であったと批判しているが、日本の場合は怠慢どころか過剰な関心を批判されているのだ。日本は、自国の文化と社会の一体性と生活文化の優秀性を熱烈に信じ、無限の情熱を持って統治に取り組んだからこそ、植民社会に劇的な変化を及ぼしたのである」（浅野豊美訳『植民地 帝国五十年の興亡』読売新聞社、一九九六年）

と分析している。

つまり、日本は「善意」としての植民地政策と考えていたからこそ、このような姿勢で臨んだのであろうし、明治三十九年に徳富蘇峰《とくとみそほう》が『国民新聞』紙上に掲げた、日本こそが白人以外の人種の運命を担《にな》うべきだとする「黄人《こうじん》の重荷《おもに》」、すなわちアジアのリーダーたらんとする使命感を、それこそまじめに情熱を持って遂行《すいこう》したものと思われる。

しかるに二度に及ぶ世界大戦によって、かつての植民地主義は、悪政として告発され、非難の対象にさらされてきたのは周知のとおりである。とりわけ日本の場合は、ますます告発の矢面《やおもて》に立たされているのだが、そうした非難の対象とされている時期は満洲事変のころから敗戦に至る期間である場合が大半である。

ピーティー教授も、

「近代植民地主義の歴史における日本の植民地帝国の位置づけを考えるにあたっては、最後の十五年間の突然変異的な状態のイメージが強すぎて、より長期にわたった帝国の歴史の全体像がゆがめられてしまいがちであることを、心にとどめておく必要がある」

と述べて注意を促《うなが》している。

つまり、植民地の文明化をめざした日本の政策は、たとえそれが善意から出たものであるにせよ、独善としての善意と受け取られたとしても当然であろうし、今日から見て単純には抗弁《こうべん》できるものでもなかろう。

しかし、台湾統治にはじまって敗戦に至るまでの植民地政策は、終始一貫して意図的に悪政の限りを尽くす侵略体系だったとする見解も、粗雑な理解に導く危険性を持つのではないか。

日本の植民地政策にはいくつかの変質が見られるのであり、僭越《せんえつ》きわまりない善意であったにせよ、当初の統治事業においては、確かに「無限の情熱を持って統治に取り組んだ」日本人もいたのである。

そうした統治が続いていれば、文明化がある程度達成された段階で、独立を承認する事態になったかも知れない。現に今でも、旧植民地国から是々非々《ぜぜひひ》の評価を受けている統治事実が存在する。

それは、台湾に対する植民地政策がはじまったころに見られた、日本による教育事業を指す。すなわち一般に「芝山巌《しざんがん》教育」と呼ばれるものである。

二、楫取道明とその同志たち

明治二十八年（一八九五年）、日清戦争の講和条約が結ばれたのち、文部省の学務官僚であった伊沢修二は、初代台湾総督に就任した樺山資紀《かばやますけのり》に、台湾における教育事業の重要なることを具申《ぐしん》した。

結果、学務部が創設されて伊沢を初代学務部長心得《こころえ》とし、さらに全国から七人の優秀な人材を集めて学務官僚を編成した。これが台湾領有初期の植民地教育にあたった最初のチームである。かくて伊沢は七人の学務官僚とともに台北《タイペイ》に赴き、日本語を教える学堂《がくどう》を求めて芝山巌の地を選び、教育活動を開始した。

伊沢修二（1851-1917）

この芝山巌教育の詳細を記述した『芝山巌誌』（昭和八年）によれば、開設時には六名の子弟しか集まらなかったが、二か月近く経つと、

「伊沢部長および部員の誠意熱心は、ようやく付近の

民衆に知らるるに至り、入学を希望する者、漸次《ぜんじ》増加し、九月二十日には、その数二十一名に達せり」

と記録されるまでに増加したという。

このときの教え子である潘光楷《はんこうかい》は、のちにこういうふうに追悼文を残しているが、彼ら学務官僚の真情がさながらに伝わってくる回想である。

最初の教室は芝山巌廟《びょう》の後棟楼上《ろうじょう》に設置せられ、余はここに楫取道明《かとりみちあき》先生と起居を共にしたり。生徒はわずかに六名、（中略）師弟の温情ますます深きものあり……。われらが恩師は南瀛《なんえい》の文化を啓発し、人心を陶冶《とうや》するの目的をもって、遠く絶海の孤島に臨まれ、旦夕《たんせき》余らを教導するの任に膺《あた》り、余らまた慈父の親しみをもってこれに見《まみ》えたりし、竟《つい》にその鴻圖《こうと》を果たさず空《むな》しく天涯の鬼と化せらる。今や当時を追憶し輾々断腸《てんてんだんちょう》の念に堪《た》へざるものあり。しかりといえども今日本島の教化大いに大いに揚《あが》り文風日に進みたる、是《こ》れ豈《あ》に在天諸氏が英霊のこれを啓発せられたるによらざらんや。

（潘光楷「回顧三十年」昭和八年 社団法人台湾教育会発行『芝山巌誌』）

台湾の近代教育に尽くした六士先生。前列左から、桂金太郎、楫取道明、関口長太郎、後列左から中島長吉、井原順之助、平井数馬

これは明治初期の日本でも同じであるが、そもそも学校とは何かということが理解しがたかった。だから、親が子供を出そうとしない。こうした困難に直面しながら、彼らは教育の意義を説いて回り、やっと六名が集まってくれた。

「余はここに楫取道明先生と起居を共にしたり」とあるように、ときには起居を共にして教育に当たったという。これが台湾近代教育の嚆矢なのである。

こうして順調に教育活動は浸透していったのだが、台湾各地で頻発《ひんぱつ》するゲリラ事件征討のために遣《つか》わされた近衛《このえ》師団長の北白川宮親王が病死したため、伊沢は学務官僚の一人、山田耕造を伴って一時帰国した。

このときに芝山巌学堂で悲劇が発生したのである。明治二十九年（一八九六年）一月一日、残留して現地の子弟に教育を施《ほどこ》していた六名の学務官僚を、約百名のゲリラが襲撃して惨殺《ざんさつ》した。この悲劇が「芝山巌事件」と呼ばれるものである。

このとき非命《ひめい》に倒れた学務官僚は、楫取道明（三十九歳、山口県）、関口長太郎（三十八歳、愛知県）、中島長吉（二十六歳）、桂金太郎（二十八歳、東京府）、井原順之助（二十五歳、山口県）、平井数馬（十九歳、熊本県）の六名である。

日本内地で悲報を受け取った伊沢修二は、ただちに台湾に戻って遺灰《いはい》を芝山巌に合葬し、「学務官僚遭難之碑」を建て慰霊祭を催《もよお》している。また昭和六年には芝山巌神社も建立《こんりゅう》され、六人の学務官僚の功績が顕彰されることになった。

楫取道明（1858-1896）
御歌会講師のころ

『芝山巌誌』によると、殉職《じゅんしょく》した六名のうち最年長であった楫取道明は、旧萩藩の小田村伊之助（のち楫取素彦《もとひこ》と改名）の二男として、安政五年（一八五八年）に萩城下の松本村清水口に生まれている。実は、母寿子は吉田松陰の妹にあたる。伯父吉田松陰が主宰《しゅさい》した松下村塾の教育理念が、彼の芝山巌教育に深い影響を与えたのであろう。

また和歌に堪能《たんのう》で、宮内省に入って御歌所の講師を務めたこともあり、芝山巌教育の中心的なカリキュラムであった日本語教育にも生かされたはずである。寝食を共にして教え子の育成に当たる姿には、吉田松陰を彷彿《ほうふつ》とさせるものがうかがわれる。

三、六士先生の継承者たち

ところで、六士先生の偉業は一年にも満たなかったが、その台湾教育に賭《か》けた情熱の火は消えたわけではなかった。芝山巌事件の悲報が日本に伝わるや、全国から教職の資格を持つ有志が続々と台湾に赴いていった。そして、彼らは六士先生の跡を継ぎ、全力で台湾の近代教育に、明治、大正、昭和と当たっていく。

しかし、彼らは現地で教育に傾注しながら殉職するケースが多かった。マラリア、赤痢《せきり》、腸チフスなどの風土病にかかり、志半《こころざしなか》ばで倒れている。

芝山巌神社合祀者の数

北海道	1	群馬県	5	富山県	3	和歌山県	3	徳島県	4	鹿児島県	21
青森県	3	新潟県	12	石川県	4	大阪府	3	高知県	4	沖縄県	3
岩手県	1	千葉県	5	岐阜県	7	兵庫県	4	愛媛県	6		
秋田県	2	東京都	10	愛知県	2	岡山県	5	福岡県	13		
宮城県	9	神奈川県	2	福井県	2	広島県	12	大分県	13		
山形県	5	埼玉県	5	滋賀県	2	鳥取県	1	佐賀県	16		
福島県	14	山梨県	5	京都府	2	島根県	7	長崎県	7		
茨城県	11	静岡県	7	三重県	4	山口県	10	熊本県	23		
栃木県	5	長野県	8	奈良県	4	香川県	8	宮崎県	14		

合計 317 名
(うち女性 27 名)

筆者作成

台湾には富士山より高い玉山（当時は新高山《にいたかやま》と呼ばれた）と高山地帯が広がっているため、寒帯から熱帯までのすべての気候地帯がそろっていた。そのため、絶えず風土病に悩まされていたのだ。近代教育の普及は文字どおり命がけだった。

当時の史料を仔細に見ると、亡くなった教師たちは四十七都道府県すべてに及んでいる。ということは、この何倍もの数の教師たちが台湾に参じたはずである。現地に建立された芝山巌神社に祀《まつ》られた教師の出身地を都道府県別に一覧表にしてみたので、参照されたい。大変な数である。

最近の台湾では、中学校用の歴史教科書が全面改訂されて使用されている。『認識台湾』と名付けられた教科書であるが、とくに日本による台湾統治に関して是々非々で記述するように一変した。

とくに近代教育や産業振興などについては高く評価している。こうした評価の原点が芝山巌教育に当たった六士先生と、その継承者の日本人教師たちにあることは推察されるところである。

いずれにせよ、この非業《ひごう》の死を遂げた学務官僚たちが異国の子供たちと起居を共にしながら打ち込んだ教育事業は、その後の有志の教師たちに継承されて、台湾の歴史に紛れもなく刻まれてきている。

その証左の一つとして、昭和五十九年（一九八四年）に当時国会議員の石原慎太郎氏が研修旅行で訪台し、花蓮に近い峡谷を訪ねたとき、現地の案内人が次のような挿話《そうわ》を語ったという。

「案内した現地の旅行社の役員の工さんが、頭上の険しい断崖をさしながら、日本の統治時代、日本からやってきた小学校の先生たちは、彼らもまた天皇の赤子《せきし》である、ということで、あの断崖のはるか奥地に住む生蕃《せいばん》と呼ばれていた高砂族《たかさごぞく》の教化のために、靴を脱ぎ、裸足であの滑りやすい崖をよじ登り、自分の手で小径《こみち》を開いて部落まで赴き、彼らに教育をほどこした、といっていた」（石原慎太郎『流砂の世紀に』文藝春秋社）

日本人教師たちが、このように「靴を脱ぎ、裸足であの滑りやすい崖をよじ登り、自分の手で小径を開いて部落まで赴き、彼らに教育をほどこした」というのも、そのさきがけとして楫取道明ら学務官僚の奮闘があったからである。

そこには植民地統治というイデオロギーよりも、まさに教育そのものに身を捧げた教師たちの真摯な情熱が存在したと見るべきである。

また、苛酷で強制的な植民地教育というイメージだけで捉えがちだが、明治政府の台湾に対する教育政策は、必ずしもそうした一面だけではない。

例えば「当時、台湾には少数ながらミッション・スクールが存在したが、これも総督府は見逃さなかった。「国語」教育を義務づけることを条件として、宗教教育を一定の規定にもとづいて行うことを承認したのだ。しかしこの規定は、一八九九年の内地雑居以後、日本本土でキリスト教の教育機関に課せられた規定よりはるかに緩《ゆる》やかなものだった」（マーク・ピーティー前掲書）と言われる。

再建された「六氏先生の墓」

確かに、日本の敗戦後、中華民国の国民党政府が大陸から移ってくると、芝山巌教育を顕彰する神社も取り除かれ、墓や碑も破壊されてはいる。ところが、芝山巌学堂が開かれてから満百年の平成七年には、後身の士林国民小学校の卒業生有志が壊されていた墓を建て直し、「六氏先生之墓」と刻んで再び顕彰しはじめたのも事実である。

四、新たな台湾の歴史教科書が登場

ごく最近の台湾の歴史教育を見ると、中学教科書に、日本の台湾統治に関して客観的な評価が載せられたという。かつて台湾総督府が進めた日本語普及策に関して、「台湾人は終始日本語を外国語とみなし、日本語で話すことで同化はされなかった。だが、日本語は台湾人が現代知識を吸収する主な手段となり、台湾社会の現代化を促進した」（『認識台湾〈歴史篇〉』日本語訳、雄山閣）と記述しているほどである。

さらには、「志を抱いた青年たちは、日本への留学を競った」などとも記述。これもかつては考えられなかった新たな視点である。台湾統治時代の実態は、日本人教師たちの台湾教育にかける情熱に反して、台湾の最も優れた教育機関は日本人子弟の入学が優先されるのが現実であったが、一方、台湾の学校に入るよりは、日本本土の有名校に留学するほうが台湾人には容易だったのである。

このことについてピーティー教授も、

「日本への台湾人の留学は減る傾向をまったくみせなかった。これは一つには台湾での教育制度が依然差別的であったことと、もう一つには台湾人に日本の教育が高く評価されていたことによる」（前掲書）と述べ、一九二二年（大正十一年）に約二千四百人だった日本への台湾人留学生が、二十年後には公式統計で七千人以上に増加し、女子の留学も漸増《ぜんぞう》したと指摘している。

このような史実に基づいて、植民地時代の日本の功罪を冷静に問い直す試みが、現在の台湾でははじまったのである。

芝山巌学堂の後身の士林国民小学校

なかんずく、前述した芝山巌教育の史実と精神は、植民地教育の負の領域ではなく、評価されつつある領域の源泉に位置するものと見てよいように思われる。しかるに、この教育精神が、昭和に入って登場する異質なイデオロギーによって換骨奪胎《かんこつだったい》が進んだ。

だからこそ、そうした植民地政策上の変質を迎える以前の芝山巌教育の内容と意義を見直すゆえんが存在する。それは日本による植民地政策をいたずらに擁護《ようご》する立場でもないし、さりとて非難の対象として告発する立場でもない。多面的な角度から公平に二十世紀史を見直す手がかりとして取り組むべきだと考えている。

ロシアと広瀬武夫

●清く、直く、温かく、しかも力あり●

一、文部省唱歌に見る広瀬中佐の戦死

今からおよそ百年前の日露戦争開戦当初、三十六歳で壮烈な戦死を遂げた広瀬《ひろせ》武夫《たけお》なる人物をとり上げて、当時の日本とロシアの交流の一端に触れてみたい。
広瀬は、ほんの一時期、小学校の代用教員をしたことがあるものの、その大半は軍人としての一生であった。

広瀬中佐（文部省唱歌）

一、轟《とどろ》く砲音　飛来る弾丸
荒波洗う　デッキの上に

闇を貫く　中佐の叫び
「杉野は何処《いずこ》　杉野は居《い》ずや」
二、船内隅《くま》なく　尋ぬる三度
呼べど答えず　探せど見えず
船は次第に　波間に沈み
敵弾いよいよ　あたりに繁《しげ》し
三、今はとボートに　移れる中佐
飛来る弾丸に　忽《たちま》ち失《う》せて
旅順《りょじゅん》港外　恨《うらみ》ぞ深き
軍神広瀬と　その名残れど

この哀調を滞びた文部省唱歌は、広瀬が戦死するシーンをうたい上げたもので、その場面を彷彿《ほうふつ》とさせるものがある。ただ、中佐は何のために、いつ、どこでいかなる行動をしていたのか、「杉野」とはどういう関係なのか、そういうディテール（細部）について少し説明しておこう。

広瀬武夫（1868-1904）

　この歌に取り上げられている場面は、旅順港口閉塞《へいそく》作戦と呼ばれるもので、日露開戦に際してロシアの軍港「旅順」を封鎖して、その機能をマヒさせてしまう緒戦《しょせん》の戦法であった。

　封鎖の手段として、旅順港の入口に老朽化した船舶で乗りつけた後、爆破して沈めてしまう。そうすれば浅瀬の入り口のことであるから、沈没した船体が障害となってロシア艦船は出入り不能に陥ってしまう。

　この作戦の指揮官として部下を引き連れ、勇躍、現地に赴いた広瀬は、作戦を九分どおり終えて、敵の迎撃《げいげき》の只中、ボートに移ろうとした。このとき、部下の杉野兵曹長《へいそうちょう》の姿が見えないことに気づき、沈みゆく老朽船の中を声を限りに捜しはじめる。

　しかし、いっこうに杉野の姿が見当たらない。そこでやむなくボートに移って老朽船を離れようとした刹那《せつな》、敵砲弾の直撃を身に受けて散華《さんげ》した。あっという間の出来事だった。

　ただし、広瀬の犠牲にもかかわらず、閉塞作戦は失敗に喫《きっ》する。結局、旅順港口を閉《と》ざすには至らなかった。

ところが、部下の杉野を三度も捜索《そうさく》して戦死したこの指揮官の責務と情愛に、当時の国民は感涙し「軍神」として敬慕するようになり、文部省唱歌にその名をとどめて国民の間に歌い継がれることになった。

二、航海訓練中の出来事

さて、広瀬武夫の生涯を通覧すると、その一生は大きく四つの時期に区分できる。

第一の時期としては、明治元年の誕生から明治二十二年の海軍兵学校卒業のころまで。次いで海軍少尉候補生を振り出しに、海軍少尉としての南洋航海の訓練に励んだ時期、さらに駐在武官としてのロシア留学、そして帰国後、前述のとおり日露戦争劈頭《へきとう》で戦死するまでの時期である。

彼は大分県の直入《なおいり》町に生まれたが、すでに八歳のときに実母を亡くしている。父親は裁判官の職務にあり、明治十年に飛騨《ひだ》高山に転勤を命ぜられ、単身赴任していた。この間、西南の役の余震を受けて大分の実家が焼失し、そこで父親のいる飛騨高山に転住する。その後、ほんの一時期小学校の代用教員をするが、結局は海軍兵学校に進み、軍人としての道を選択していく。

海軍兵学校を卒業した広瀬は、海軍少尉に任官後、明治二十四年（一八九一年）九月から翌年四月までの七か月間、遠洋航海に出発する。グァム、オーストラリア、ニューカレドニア、ニューギニア、フィリピンなどを歴訪する航海訓練で、彼にとって初の外国体験と言えるものであった。

実はこの長い遠洋航海の途次で、広瀬はある事件に遭遇する。この事件については、みずから執筆した航海記録『航南私記《こうなんしき》』の中に記録されている。

遠洋航海も終盤に近づくころともなると、いくつかのトラブルが発生していた。三月十三日、南緯十二度三十七分、東径百二十度四十二分の海洋を航行していたが、その日早朝より悲劇が生じた。

広瀬は日誌の冒頭に、

「ああ、この十三日は、わが軍艦比叡《ひえい》のこの航海においては、いかなる最大悪日ぞや。ああ、書くも忌《いま》わし悲しきことのみ起り、一艦上下をして一驚を喫せしめしのみならず、再驚を喫せしめたりき。また豈に一驚再驚せしめしのみならんや、実に酸鼻流涕《さんびりゅうてい》に堪《た》ゆる能《あた》はざらしめき」

と書き出している。

「書くも忌まわしき悲しきこと」とは、マラリヤに冒され病床にあった中村与太郎二等水兵が、病床の釣床《つりどこ》を抜け出し、波頭に身を投ずるという事件を指している。

早朝に中村二等水兵不在の報《しら》せを受けた広瀬は、部下に探索《たんさく》を命ずるとともに、みずからも捜索の限りを尽くす。その捜索の徹底したさまが、この手記の中には精細に綴《つづ》られていて、読む者の胸を打つ。

しかし、中村二等水兵の姿を発見することはできず、結局、いくつかの手がかりから推《お》して、未明の四時から五時半の間に病気を苦に艦上より身を投じたであろうことが判明する。愕然《がくぜん》とした広瀬は、事の顛末を記した後、次のような所感を書きつけている。


彼は不幸にして病に罹《かか》れり。不幸にしてその病は勢は甚《はなは》だ強かりしなり。その病は甚だ激しかりしなり。ああ、彼はこの病、この苦に遭ひ、その卜者《ぼくしゃ》の言を信ぜり。その運命の完ざるを信ぜり。ああ、むしろ死するならば、ひと思ひに早くこの病苦を脱《だっ》せんとせしに非ざるか。みずから進んで卜者の言を証せしにあらざるか。ああ、惜しむべきかな、痛〔ママ〕しきかな。中村与太郎は二等水兵なり。丈高く、色稍白《ややしろ》く、眼明かに、鬚《ほおひげ》跡青くして、事をなすに実着、蔭日向《かげひなた》なくよく勉む。また一介の良水兵たり。

長い苦難を共に励んできた部下の一水兵の心のうちをしのびながら、悲痛の心情を吐露《とろ》する広瀬の文章を読むと、前述の「杉野は何処、杉野は居ずや」と呼号して、砲弾飛びくる甲板を再度三度捜し回って散華した広瀬を彷彿《ほうふつ》と呼び起こす。

海軍士官としての出発に際して遭遇した中村二等水兵捜索のときの広瀬少尉も、十余年後の杉野兵曹長を探し求めて沈みゆく船上をかけ回る指揮官広瀬中佐も、同じ広瀬武夫にほかならない。

三、ロシア留学

このように時を隔《へだ》ててはいても、広瀬の行動には一貫した心情の流れをみることができる。それは、たまたま行動が一致したというようなことではない。

人の一生には若き日の心情と行動が、人生の深い体験を積むことで鍛《きた》え抜かれて後の行動に結実するということがある。二つの事件の間には「ロシア留学」という、彼の人生の画期《かっき》とも言える豊かな体験が存在している。

まず初めに、広瀬がロシアにおける五年間の留学体験を終えて帰朝する際に書き綴った手記を取り上げよう。

彼の遺品の一つである「黒革の手帳」には、ロシア時代の生活記録が走り書きで記されているが、その中で異彩《いさい》を放っていていねいな筆跡の一文がある。そうした筆跡からみて彼のロシア留学の決算書とでも言えようか。

たとひ異国とはいへ、四年余の星月を打暮《うちくら》せしことなれば、いとゞ名残《なごり》の惜《おし》まるゝに、まして「ぺてるぶるぐ」の知己《ちかずき》など、われを視る猶《なお》おのが一家《みうち》のもののごとく親しみしことになれば、彼の人々と立ち別れんもなかなか辛《つ》らき思あるに、彼の人々の中には涙を浮ぶるあり、子供どもには声を挙げて泣き号《さけ》ぶもありて、われもまた彼らの情に誘はれて、思はずも涙ぐみぬ。（中略）

武夫が久し振《ぶ》りに立ち帰るとて、最も待ちうけ最も悦ばるべき者は誰《たれ》ぞ。ああ、われがもっとも恋ひ慕ひまいらせし老祖母様も父上様も、武夫が露西亜《ろしあ》に留まりし間に身逝《みまか》れぬ。われが帰りを最も待ち、最も悦ばるべき人の、今《いま》やこの世に在さぬ人となりぬ。ああ、かつ弟潔夫も吉夫もまた無き数に入りぬ。これを念《おも》ひ彼を思へば、喜ぶべき本国への首途《かどで》にも、いふ可《べか》らざる感慨の胸に満ちぬ。

かゝる感慨を齎《もた》らし、親しき人々に見送られ、「にころゑふすきー」停車場を立ち去りしは、正に明治三十五年一月十日あまり六日（露暦千九百二年一月三日）の夜十時なりき。翌《よく》る朝の十時過に墨士科《モスクワ》に着き、「スラウヤンスキー、バザール」に身を投じぬ。

墨士科にては日ごろの労を休めんとせしも、それぞれに手紙を送ることや切符を買ふことなどに追はれ、かつ翌日聖都より「ペテルセン」博士も来《きた》り会せければ忙敷《いそがしき》、そこそこに十八日の夜九時四十分発の汽車に乗込みぬ。博士はその夕その知友の許《もと》へ武夫を誘ひ、また停車場へ見送りくれぬ。

同博士一家の者とは武夫もいたって心易《こころやす》くせしが、その子息「をすかる」のわれを信ずること深く、われを二つとなき年長の朋《とも》と頼みたりしが、聖都出発のみぎりも見送りに遅れたりとて無念がり、その父によりて長き手紙を寄せたりしが、その真心も溢《あふ》るゝ許《ばか》りにて、武夫もこれに動されて幾度となくこの文繰り返し繰り返し、果《は》ては酸鼻《なんだぐむ》までに至りぬ。

シベリア時代の広瀬
（1902年〈明治35年〉3月）

読んでお分かりのように、この記録には広瀬のロシア体験がいかなるものであったかがまざまざと滲《にじ》み出ている。

公務としての課題のみならず、留学中の肉親との死別の体験とロシアの人々との出会いと別離が、哀切《あいせつ》なまでに綴られている。武骨一筋と言われた広瀬のロシア体験は、軍人としての見識を高めただけでなく、人生の悲哀をも見定める体験を与えていたのである。

彼は嘉納治五郎《かのうじごろう》が開いた講道館に学んだ柔道四段の腕前で、大層強かったらしい。身の丈《たけ》は一七五センチもあり、当時としては大男で、ひげをはやし威風《いふう》堂々とした雰囲気を漂わせていたようである。

一方で酒もたばこもいっさいたしなまず、きわめてストイックな生活に終始した男でもあった。そういう生活が板についていたと言ってよいだろう。その彼が、外見とは裏腹に悲しみを漂わせた文章でロシア留学を締《し》めくくっているところに、広瀬独特の体験があったことを予感させる。

四、祖母の死

ところで、広瀬は折にふれて誰はばかることなく「われを生むは父母、われを育むものは祖母」といふ言葉を口にしていたそうである。実母に死別していた広瀬少年を育て上げたのは祖母であり、ロシア留学に際しても心温まる激励を受けて出発している。

その祖母の期待に応《こた》えるべく、ペテルブルクの地を拠点にロシア研究に精を出しはじめて三か月後、祖母死去の悲報が届いたのである。彼の驚愕《きょうがく》と嘆きがいかばかりであったかは、次の父へあてた書簡の文面に察することができる。

明治三十一年一月二十日　父あて

今夕《こんせき》御凶報に接す。唯々《ただただ》驚愕《きょうがく》悲嘆《ひたん》、途方に暮れ申し候《そうろう》。

御祖母様御高齢に御渡《おわた》り候へども、平素の御健康、特に武夫欧州の首途に、われ年老ぬれば、両三年の齢《よわい》も覚束《おぼつか》なし。併《しか》し汝このたび国のために、遠く露国へ旅立つことなれば、汝の無事御役に立ち帰朝するまでは、決して死ぬまじ。安心して勉強せよと、御励《おはげ》ましくだされ、武夫も勇躍当地に旅立ちつかまつり候。

右の御元気ゆえ、まさか昨今御長逝《ごちょうせい》などとは、夢にも測《はか》り申さざりき。しかるに今此《こ》の悲報あらんとは。九腸寸断《きゅうちょう》、筆にも口にも尽くし難く、痛恨《つうこん》罷《まか》り在《あ》り候。

母上様の御死去のみぎりは、いまだ頑是《がんぜ》なき小児にこれ有り、充分悲嘆のいかほどなりしや、当時記憶致し申さず候えば、実に今回御祖母様の御長眠こそ、武夫に生来《せいらい》かつて有らざる最大悲痛を与へ申し候。


まことに激しい嘆きが噴き出すように書きつけられている。文末の「武夫に生来かつて有らざる最大悲痛を与へ申し候」の言葉どおり、すべてを打ち捨てて泣き枯《か》らす広瀬の姿が、さながらに表れている。とうとう幾夜も泣き続け、眼病を患《わずら》うまでに至ったという。

こうした絶望の広瀬を救ったのが、同じくロシアに滞在していた先輩八代六郎《やしろろくろう》大佐であった。異郷において人生最大の悲しみに呆然自失《ぼうぜんじしつ》した広瀬を、八代大佐は精魂込めて甦らせる。この生涯の先輩八代大佐がいなければ、彼はどうなっていたか分からない。それほどまでの悲しみであった。

ともかく、八代大佐のなぐさめで甦った広瀬は、再びロシア語修得をはじめ、さまざまな課題研究にとりかかっていく。ちょうど当時は、中国において義和団《ぎわだん》事件が発生したころだった。中国を舞台に各国の思惑が複雑にからみ合いながら動乱の様相《ようそう》を呈してきていた。彼の任務もいよいよ重要さを増したのである。

彼はロシアの南下政策について研究するが、その際、地中海につながる黒海への南進の実態を調査している。クリミア半島のセバストーポリ軍港の視察をはじめ、西欧各国をも歴訪した。

一方、こうした駐在武官としての活発な調査研究の傍《かたわ》らペテルブルクにおけるロシアの人々との交流も深まり、祖母を亡くした痛手も次第に癒《いや》されていく。このころ父にあてた手紙に、「露人と私交上の関係は、至って円満にして、春風暖《しゅんぷうあたたか》き処《ところ》に逍遥《しょうよう》するの趣《おもむき》これ有り、ほとんど旅路にあるの考へも起り申さず候」という一節が見える。

ロシアにおける生活と交流に馴染《なじ》んできた広瀬の心の風景が見てとれるようである。

五、広瀬のロシア観――『随感』から

かくて、本来の任務に精励《せいれい》しだした広瀬は、軍事、政治、社会制度、風土のあらゆる角

度からロシア研究に没頭する。彼の研究成果はそのたびに本国の海軍省に送られていたが、明治三十三年にまとめたものの一つに『随感』と題したレポートがある。

当時、ロシアは義和団事件鎮圧後、満州に兵を駐留させていっこうに引く気配をみせず、むしろ極東制圧の兆《きざ》しすら見えるありさまだった。わが国は危機感を抱き、対策を講じる必要に迫られる。

このとき、日本国内には二つの対露戦略が論じられていた。一つは「満鮮交換論」と呼ばれる協調策で、もう一つは「ロシアを満州から排除せよ」という強硬策であった。

「満鮮交換論」は、満州はロシアが管理し、朝鮮半島については日本がその保全を守り、干渉《かんしょう》は相互にしないというものである。これに対して、ロシアは満州を手にすれば必ず朝鮮半島に南下してくるはずで、したがって満州からロシアを撤退《てったい》させることが急務であるとしたのが強硬論であった。

こうした対露戦略のいずれにも与《くみ》せず、広瀬は独自の見解を展開する。まずロシアの対外政策をその歴史に照らして、こう指摘してみせた。

ピョートル大帝以来、露国の国是《こくぜ》といふべきものは、いわゆる大帝の遺訓《いくん》と称する世界併呑《へいどん》主義にして、ときに隆替《りゅうたい》あり。あるいは大にあるいは小なりといえども、その外面に伸びんとするや始終一貫せり。平和の宣言者として後世紀に盛徳《せいとく》、否、むしろ御人好《おひとよし》の名を残すべきや、現ニコライ二世皇帝の御代《みよ》においても、絶東《ぜっとう》に、波斯《ペルシア》に、小アジアに、その政略を擅《ほしいまま》にするを見るに、皆膨脹主義《ぼうちょうしゅぎ》にあらざるはなし。ときに、その抵抗の強きものに逢へば、あるいは躊躇《ちゅうちょ》し、あるいは時に退嬰《たいえい》するごときあるも、その終局は進まずんば止まず。彼の水の浸々《しんしん》として進むがごときは、これ露国の勢なりと謂《い》ふべし。

つまりロシアというのは、対外政策に多少の変化があったとしても、その根底には一貫して「世界併呑主義」（膨脹主義）を抜き難く備えている国だというのである。

そもそもロシアは、トルコの弱体を背景に黒海から地中海への南下を企てていた。ギリシア独立戦争、エジプト＝トルコ戦争、クリミア戦争、露土戦争と相次いで南進をねらったが、結果的に挫折してしまう。

そこで極東への南進に本腰を入れる。日本への三国干渉を主唱し、干渉が成功するや東清鉄道敷設権を獲得したのも、黒海での失敗を極東で返そうとする目論見だったことは言うまでもない。
そしてさらに、虎視《こし》眈々《たんたん》と南進を狙って朝鮮半島をうかがいつつあった。「あるいは躊躇し、あるいは時に退嬰するごときあるも、その終局は進まずんば止まず」と広瀬が洞察《どうさつ》したとおりの様相が、ロシアの動向には歴然と表れてきていた。
ところが、そのロシアにとって不都合《ふつごう》な相手として立ちはだかってくるのは、ほかでもない、わが日本の存在となるに相違ないと述べ、さらにロシアとイギリスの敵対関係に言及して次のように言う。

露英の関係は已《すで》に世の知る処なり。その敵視する英国が絶東において、最も優勢なる海軍と陸軍を有する日本と手を連ね、シナ問題を解釈せんとせば、問はずして露国の勢力を挫《くじ》き、その進運を阻止《そし》するの挙に出《い》づるを知る。露国の之を忌《い》むや、実に想像に余りあるものといふべし。

すなわち、日英両艦隊が連帯して海上を封鎖《ふうさ》すれば、ロシアの旅順、ウラジオストックへの海軍増派は不可能に陥ることになりかねない。そういう懸念を当然ロシアは抱いているはずだというわけである。

そして、ペテルブルクでしばしば耳にする極東への陸兵十五万人動員の情報に、その増派のねらいを「その対する処は重《ひとえ》にわが日本国に在るなり。わが日本の態度について、不安なればなり」と見抜く。

ニコライ二世は日本など眼中にないそぶりをみせているが、とどのつまりは日本の動向をいちばん恐れているはずだというわけである。したがって、ロシア側もしきりに言いはじめている「満鮮交換論」は、純然たる日露協調策ではなく、体制が整うまでの戦略に過ぎず、体制さえ整えば牙《きば》をむくであろうというリアルな洞察を開陳《かいちん》する。

そこで彼は、ロシアが日本の動向を恐れている今こそ、「一日も早く朝鮮問題を決して、まったくわが勢力の下に置き、他をして一指を触るることをも得せしむ可《べ》からず」と提言する。満州におけるロシアの体制が未完の今こそ、朝鮮問題の解決に絶好の機会であるというわけである。ロシアの弱点を正確に見据えた策であり、当時の協調策と強硬論を総合した外交観と言えよう。

六、ロシアが与えた人間的なレッスン

このように、ロシア研究の成果を上げつつあった明治三十四年、再び広瀬のもとへ一通の悲報が飛び込んできた。それは父の訃報《ふほう》だった。中佐の悲嘆は察するに余りあるが、しかし、ここで紹介するのは広瀬の悲しくも豊かな心の広がりを示す書簡である。

悲報に接した中佐はしばらくして、広瀬家に長く仕《つか》えてきた「おかつ」というお手伝いさんに次のような手紙を書き送った。

明治三十四年六月七日　有巣かの（かつ）あて
最も目をかけお使ひくだされし、祖母様も御逝去《ごせいきょ》あそばされ、最もその成長を楽しみし芳夫も黄泉《よみじ》へ旅立ちしに、またもや最も力に思ふ父上様と相別れ候次第と相成り、貴様の力落しも嘸々《さぞさぞ》と察《さっ》するに余りありて、思はずも涙を催し候。されど飛騨以来の古き昵懇《なじみ》としては、於登代《おとよ》もあり、斯《か》くいふ武夫もあり、兄勝比古様、衛藤叔父様もその時代より御承知のはず、かつ母上様においても、已《すで》に十数年お使ひあそばされし間

柄なれば、必ず必ず力を落さず、相変わらず奉公専一に相勤め、われわれ共に代り、当時もっとも便《たよ》りなき母上様に冊《かしず》き参らすべし。もっとも奉公人の分限を忘れず、従順に、万事万端母上様の御指揮を受け、相逆《あいさか》らはざるよう心がくべきものなり。貴様が当年まで広瀬家に対したる忠勤に向っては、武夫もよく承知なれば、貴様を見棄《みす》つるようなことは決して致すまじく候へば、必ず必ず安心して、祖母様、父上様御存命のごとく相働き申す可《べ》し、我儘《わがまま》なる仕打して皆々に厭《いと》はれざるよう、心がけしかるべくと存じ候なり。

ここに見られるように、もう自己一身の悲嘆にうちひしがれている広瀬ではなくなっている。長く仕えた一家の主《あるじ》が亡くなって、わが身の処し方に寂寥《せきりょう》を覚《おぼ》えているであろうお手伝いさんに対して、親切きわまりない手紙を書いている。「貴様が当年まで広瀬家に対したる忠勤に向っては、武夫もよく承知なれば、貴様を見棄るようなことは決して致すまじく候へば、必ず必ず安心して」と呼びかける広瀬の言葉に、この老いたお手伝いさんがどれほど力づけられたことか、想像に難《かた》くない。老女に寄せる広瀬の豊かな心情は、いかにして育まれたものであろうか。祖母の死に対して他の者を顧《かえり》みることなく嘆《なげ》くのみであった彼が、同じ深さの悲しみにありながらも、かくのごとき行き届いた優しさあふれる手紙を綴ったのである。

この胸打たれる行為に、中佐の豊かな成熟を覚えざるを得ない。女性の心の機微《きび》が理解し得て初めてなせるものであろう。

名著『ロシアにおける広瀬武夫』の著者島田謹二《きんじ》博士は、この点について「これまで女が眼中になかった広瀬に、ロシアが教えたいちばん人間的なレッスンの結晶をこの手紙に見るようである」と指摘され、さらにロシアの女性との交流をその背景にあげているが、そういうことは十分に考えられるのではなかろうか。

祖母の死に対する嘆きから立ち直っていく広瀬に触れた折に紹介した、ロシアの人々との交流を示す「春風暖処に逍遥するの趣これ有り、ほとんど旅路にあるの考へも起り申さず候」という一節には、実は、アリアズナという女性との出会いが背景にあったのだ。

アリアズナは、広瀬がロシアで家族的なつきあいをした海軍少将コバレスキー一家の娘で、当時十八歳ぐらいであった。

彼女との交流の具体的なようすは、今は知る由《よし》もないが、しかし残っているわずかの史料を読むだけでも二人の間に芽生えていた思慕《しぼ》の情らしきものがほの見える。

あるとき、アリアズナから誘われるままに広瀬は、次のようなプーシキンの詩を漢訳して彼女に渡している。

夜　思　（「プーシキン」原作）

四壁沈々夜　　四壁《しへき》　沈々《ちんちん》の夜
誰破相思情　　誰か破らん　相思《そうし》の情
懐君心正熱　　君を懐《おも》うて心まさに熱《ねっ》し
嗚咽独呑声　　嗚咽《おえつ》して独《ひと》り声を呑《の》む
枕上孤燈影　　枕上《ちんじょう》　孤灯《ことう》の影
可憐暗又明　　憐《あわ》れむべし　暗くまた明るし
潺湲前渓水　　潺湲《せんかん》たり　前渓《ぜんけい》の水
恰訴吾意鳴　　あたかもわが意《こころ》を訴えて鳴く
恍乎君忽在　　恍《こう》として君たちまち在り
秋波一転清　　秋波《しゅうは》一転して清し
花顔恰微笑　　花顔《かがん》　あたかも微笑《びしょう》して

似頷吾熱誠　わが熱誠《ねっせい》に頷《うなず》けるに似たり
吾身与吾意　わが身とわが意と
唯一向君傾　ただひたすらに君に向いて傾《かたむ》く

もちろん、この詩はプーシキンの訳文ではあるにしても、「花顔恰微笑」と訳す一瞬に広瀬の眼前にアリアズナの面影《おもかげ》が浮かばなかったはずはあるまい。明らかに一人の娘に己《おの》が心が動くさまを感じとったことであろう。

そしてまた、アリアズナが自分に寄せる可憐《かれん》な思いをもあらためて知ったに違いない。広瀬の体験の広がりと奥行きがしのばれる。

「おかつ」にあてた書簡に見られる女性の心のうちを、ねんごろに励ます広瀬の優しさにも相通じる心情である。ロシア女性との交流が、島田博士の言うごとく「人間的なレッスン」を、武人広瀬武夫に与えたと言ってよいように思う。

七、帰朝、そして日露開戦

さて、広瀬のもとに、明治三十四年十月、ついに帰国命令が下る。翌三十五年一月、いよいよペテルブルクを発《た》ち、シベリア経由で帰朝の途《と》につくわけだが、その際に認《したた》めた所感が冒頭に挙げた「黒革の手帳」の手記である。「春風暖処に逍遥するの趣これ有り、ほとんど旅路にあるの考へも起り申さず候」と記した人々との惜別《せきべつ》の情はことのほか深い。

パブロフ博士一家とヴィルキツキィ候補生とともに（1902年元旦）。左上が広瀬

明治三十五年三月に東京に帰着するが、広瀬のロシア交流の体験とは裏腹に日露の対決は避けられない事態を迎える。このころ、緊迫した推移の中でロシアのヴィルキツキィという青年から一通の手紙が届く。

ヴィルキツキィなる青年は、やはり広瀬が家族的交流を持ったパブロフという医学博士の息子だった。広瀬がロシアにいたころは海軍士官候補生だったのだが、その後、海軍少尉に任官し、ロシア最強の軍艦「ツェザレーヴィチ」に乗り組み、皮肉にも旅順に入港して日露決戦に備えるという仕儀《しぎ》となったのである。ヴィルキツキィは、広瀬を日本語で「タケ兄サン」と呼んで兄のごとく慕《した》っていたという。

そのヴィルキツキィから親愛をこめた手紙が寄せられた。それは開戦に先立つ一か月前のことだった。広瀬は返信を出した。これは史料として残ってはいないが、手紙の内容を海軍の同僚に広瀬が語っていて、その同僚の回想談の中に文面のあらましが記録されている。

今度、不幸にもあなたの国と戦うことになった。なんともいいようがないほど残念である。しかし、これは国と国との戦いで、あなたに対する個人の友情は昔も今も少しも変わらない。いや、こんな境遇のうちにいるからこそ、かえって親しさも増してくる。平和が回復するまでは、かねて申し上げたように、武人の本懐《ほんかい》をお互いに守って戦い抜こう。げんに武夫は九日のひるには戦艦「朝日」の十二インチ砲を指揮して、旅順沖の貴艦隊を熱心に砲撃した。それさえあるに、今度は貴軍港を閉塞しようと願い、「報国丸」を指揮して、今、その途上にある。さらば、わが親しき友よ、いつまでも健在なれ。

これは広瀬がロシアに発信した最後の手紙である。こうして広瀬武夫は旅順港口の閉塞作戦に赴くことになったのである。そして冒頭のように、小学唱歌に伝えられた最期《さいご》を遂《と》げる。広瀬戦死の報はただちにロシア内にも報道されたようである。

広瀬に深くかかわった人々は、戦いを超えて深い悲しみに沈んだことと察せられる。「黒革の手帳」に出てくる医学博士ペテルセンの娘マリヤもその一人だった。

彼女は交戦中であったためドイツ語で手紙を認め、ドイツ経由で広瀬の兄嫁にあてて弔《ちょう》意《い》を伝えている。以下は小堀桂一郎氏の訳である。

尊敬する奥様！　あなたにお手紙をさしあげることはすでに長い間私の願いでございました。それもただひとえに、かけがえのないお方をおなくしになって沈痛な嘆きに沈んでいらっしゃるあなたのことを、私どもが本当に心からの御同情を込めてお偲び申上げているということをお伝え致したかったからでございます。

弟御のタケオサンの御逝去は、私どもにとりましても大きな喪失《そうしつ》でございました。私どもは深い悲しみをあなたとともに致しております。あの方は私どもにとって決して忘れることのできない、なつかしい、誠実なお友だちだったのでございますから。あの方の思い出は私どもの心の中に恒《つね》に生き続けているでありましょう。私どもはあの方の情け深く誠実なお心を決して忘れることはございません。あの方は本当に偉大で、高貴な、たぐい稀なお方でございました。（中略）

御存知のことかと存じますが、奥様、タケオサンはほとんど私どもの家族の一員だったのでございます。そして御自身でも確かに私どもの家を居心地よく感じておいででした。（中略）それにしましても、おそらくは御家族の方々にとって唯一の慰めとなる思いは、あの方が、御自分からお望みになっていたとおりの御立派な最期をお遂げになったということでございましょう。あの方は、愛する、尊い国のために英雄として死んでゆかれました。そしてあの方の思い出は永遠に、歴史の中に、御家族の心の中に、又多くの友の心のなかに生き続けていくことでございましょう。

それでは、奥様、どうか私の御挨拶をおうけください。そしてあなたのお嬢様にくれぐれもよろしくお伝えくださいますよう。お嬢様のことは私どもの忘れることのできぬお友達が、くりかえし私どもに語っておきかせくださったものでしたから。

深き敬意を以て

マリヤ・ペテルセン

サンクト・ペテルブルク

一九〇五年一月十五日

今日のわれわれは、軍人といえば何かしら遠ざけてしまう傾向にある。しかし軍人であれ、文人であれ、その人生をしっかと見つめてみれば人の胸を打つドラマが潜んでいる。広瀬武夫は三十六歳で生涯を閉じたが、その間に彼の遺した手紙は二千通にものぼる。そこに書き留められた言葉の数々からいくつかを取り上げただけでも、人生の豊かで深い体験がキラリと光っている。

ロシア留学を中心とするこれらの体験は、「杉野は何処　杉野は居ずや」と捜し求めて壮烈な戦死を遂げるあの最期の行動に結実しているに相違ない。あの文部省唱歌に親しんだ日本人の多くは、直観的にそういう人生の真相をつかんでいたはずである。

筆者は、広瀬に対する的確な評言は「清く、直《なお》く、温かく、しかも力あり」という言葉であるとかねがね思っている。この評言は広瀬がロシアからの帰途に立ち寄り、しばらく交遊したウラジオストックの日本貿易事務官川上俊彦の妻常盤《ときわ》のメモワールに出てくる。ロシアと広瀬武夫との間の深い交渉は、常盤が評したこの一句に表されるごとき男子を育てた。銘記しておきたい史実である。

異国の学問を救った日本人

●潰滅寸前のドイツ科学界に援助を続けた星一●

一、そこには「父」がいる

作家・星新一《ほししんいち》が書いた伝記『明治・父・アメリカ』（新潮文庫）を読んで、この本の冒頭の記述に一気に心が吸い寄せられた。人はどのようにして歴史に思いを寄せるものなのか、これほど明晰《めいせき》に語った文章は稀有であろう。少し長いがここに引用する。

だれでもそうだろうが、川を眺《なが》めていると、いったいこれをさかのぼったらどうなっているのだろうと考える。なぜ、ここに川が流れているのだろう。上流のほうのようすを知りたくなるのである。

人生においても、そんなようなことがある。いつもは時の流れに身をまかせ、なにやら忙しく、一日一日をすごしている。しかし、ひまができると、少年時代のことを思い出す。

そこには父がいる。私の父は、私が大学を出て四年目ぐらいに死亡した。遠い追憶のなかの父は、いつもにこにこしていた。休日には幼い私たちきょうだいを、動物園とかデパートの展覧会とか、時には郊外へとか、よくどこかへ連れていってくれた。会社の仕事で旅行に出た帰りには、いつもなにかしらおみやげを買ってきてくれた。

朝の食事はいっしょだった。私たちが学校へ出かけるのと同じ時期に、会社へと出かけていった。父の帰宅はおそいことが多かった。会合などのためである。父は製薬会社を経営していた。しかし、酔って帰ることはなかった。酔って帰った父を見たことがない。

父にどなられた記憶もない。私は神経質なおとなしい少年であり、いたずらのたぐいをしたことがなかった。そのためかもしれない。あとで知るところによると、会社における父は、机をたたき床をふみならし、社員をどなりつけ、雷を落し続けだったという。もっとも、それは一瞬の後にはけろりと忘れ、だれもなれっこになっていたらしい。しかし、家庭内で大声をあげたことは、まったくない。微笑をたたえていて、静かで、姿勢がよかった。

　父はいつも、なにを考えていたのだろう。これもあとで知ったことだが、父は事業のことを考えていたのである。仕事そのものが生きがいだった。私の父に限らず、男とはそういうものなのであろう。

　私が小学校三年生ぐらいのときだったろうか。父は古本屋から、和とじの『大学』という本を買ってきた。『論語』『孟子』『中庸』とともに四書と呼ばれる本である。なかには漢字ばかりが並んでいた。父は私をきちんとすわらせ、それを開き、火ばしで一字ずつ押えて読み、あとに続けて読めと命じた。

　ちょっと面白かったが、これから毎日そうなのかと思うと、これはえらいことだと、身ぶるいした。読めないと、火ばしでひっぱたくという。しかし、それは一回きりだった。なにかのことで自分の少年時代を思い出し、それを私にこころみたわけだろう。

　一回きりにもかかわらず、私には印象的なことだった。昔の人はこうして字をならったのだなと、具体的に知らされたのである。そのとき初めて、父にも少年時代があったのだということに気がついた。それまでは、父とは、もともとおとなとして存在していたものだと思っていたのだ。新鮮な発見であった。

このくだりを読んで筆者は膝《ひざ》を打った。歴史に学ぶ意味をあらためて再考させられた次第である。

確かに自分とは何者なのかと問うとき、人はおのずと思い出の糸をたぐるように過去に遡っていくことがある。その手かがりとしていちばん身近な存在は親であろう。

こうした試みは星新一ばかりではない。今までも親を語り一族を語る作品は存在した。江藤淳は『一族再会』を手がけたし、安岡章太郎は『流離譚《りゅうりたん》』を書いて、みずからのルーツを探求している。自然な欲求と言ってよいだろう。

新一にとって、それは「父」だった。いわく「ひまができると、少年時代のことを思い出す。そこには父がいる」と。その詳細については、この作品とその続編『人民は弱し官《かん》吏《り》は強し』をあわせて読んでいただきたいが、父親・星一《はじめ》は波瀾万丈《はらんばんじょう》の人生を送った人である。

筆者がここで取り上げようとするのは、実業家であった星一がときの政治家と官僚の一部に横車を押され、足をすくわれながらも、第一次世界大戦後に滅びようとしていたドイツ学術界を、異国の人間である星が、その窮境《きゅうきょう》を見るに忍びず支え抜いた史実なのである。

星　一（1873-1951）

もちろん、新一の著作『人民は弱し官吏は強し』にも出ていることではあるが、多少の史料の裏づけもしながら、この業績に光を当ててみたい。

このことは、単に一小説家の父親の波乱の人生に対する興味からではない。近代日本の先達《せんだつ》の中には、異国の惨状に無償の援助を惜しまなかった人が意外に多かったのだという事実を知ってもらいたいからにほかならない。

しかも、そうしたかつての支援が、今もなお感謝され、その崇高《すうこう》な行為が異国では高く評価され顕彰されているということも、後輩であるわれわれ日本人は知っておくべきだと思うからである。

二、「お母さん」が創った国日本

星一は若き日にアメリカに渡り、苦学してコロンビア大学を卒業後、帰国して製薬会社や薬科大学を創った一代の事業家である。とりわけ十年余りに及ぶアメリカ留学は、彼に一大転換をもたらしたと言ってよい。それはほかでもない、日本人としてのメンタリティを目覚めさせた点である。

星が後年に著した異色の日本通史『「お母さん」の創った日本――日本略史』（昭和十二年）に、このときの体験をみずから回想している。かいつまんで言えば、コロンビア大学の図書館で勉強していたとき、ヨーロッパとアジアと日本のそれぞれの文化を比較し、いつしか第三者の公平な立場から考えている自分に気づいたというのである。

そして星は、勉強を積むうちに天啓《てんけい》のようなひらめきを覚える。このひらめきとは、

「私は、日本は『お母さん』が創った国であって、日本以外は『お父さん』が創った国であると考えるようになりました。考えれば考える程、それには理由のあることを知って、私は第一発見をしたかのごとく感じました。……私は米国に来て、初めて日本がはっきりと分かったような気がしました」

ということであった。

彼はコロンビア大学卒業後、ニューヨークで英文雑誌『ジャパン・アンド・アメリカ』を発行する仕事をはじめたが、これも「お母さんが創った日本」を正しく理解してもらうためだった。在留邦人に日本のニュースを伝えるとともに、米国人には日本理解のための

企画を練《ね》っては記事にした。

のちに帰国したとき、統監府や満鉄会社への誘いを断って製薬会社を興《おこ》したのも、「『お母さん』の創った国の一国民として、小さいながら一生働いてみたいと思い、四百円を資本として製薬事業に従事する」ことにしたというのである。

では、「お母さんの創った国」とは、どういう国なのか。星は『古事記』にそのよりどころを求めて懇切に説いてやまない。彼にとって「お母さん」の具体像は天照《あまてらす》大神《おおみかみ》のことであった。

例えば、天照大神は何人《なんぴと》を遣わして統治させるかについて、高天原《たかまがはら》に一同を招集して協議し、結果、天穂日命《あめのほひのみこと》が赴くに至る。このときの会議について星は、

「天照大神が、かかる会議を催しになられたのは、民族統率の重任を担える『お母さん』の気持の現れであり、この会議を通じて民族協力を教えられたのである」

と説明する。

また、「お母さん」というのは常に子孫繁栄を気づかい、子孫の住む皿の中の安定を願うものであって、そのためなら努力を惜しまないものだという。その象徴が天照大神にほかならないと捉える。しかも、

「子孫の住むこの世を住みよいものにするには、大和民族のみの住みよい世界にするというのではなく、人類全体の住みよい世界にしたいという母の念願の現れである」と述べ、これこそ天照大神の教えにほかならないと明言した。

かくて星は、「進歩は神である、協力は神の命ずる進歩力であると悟りたい」と決意を示した。こうした信念に基づいて、星は神代史から二十世紀半ばまでの通史を夜を日に継《つ》いで書き綴った。その結論部では素朴な言い回しだが、今のわれわれにも、なるほどとうなずかせる次のような記述がある。

いわく「日本の父母は自分をよくしてくださいと神に祈ることをせず、自分の子供や孫は自分よりも祖先よりも偉くしてください、日本一、世界一にしてくださいと祈るのである。『お母さん』が創った国民の頭には、……協力は神の命令と信じておるので、日本人の神仏への念願は自分のことよりも子孫のことと他人のことの祈りが大部分であるといってよいのである」。

確かにこのように言われると、遙《はる》か遠い戦前の人の言葉であっても、そのとおりだなと思い当たる向きも意外に多いのではあるまいか。星はこうも言っている。「祖先を思う者には卑怯《ひきょう》なことができない。子孫を考うる者には親切を行わずにはおられない」と。これが「お母さんが創った国」に生きる者の人生観であると信じた。留学体験以来の星の人生は、この信念の実現にあった。

三、後藤新平との出会い

ところで、彼がアメリカで交流した人物には新渡戸稲造《にとべいなぞう》や野口英世《のぐちひでよ》がいる。野口は星に生計を助けられた一人でもある。星の人的ネットワークには目を見張るものがあるが、まさしく出会うべくして出会った人生である。

その交友の重要な一人が政治家後藤新平であった。後藤との邂逅《かいこう》が星に与えた影響は実に大きい。後藤新平は、台湾総督府民政長官、貴族院議員、満州鉄道総裁、逓信《ていしん》大臣兼鉄道院総裁、内務大臣、外務大臣等の要職を歴任した近代日本を代表する政治家であった。また、官界・政界に身を投ずる以前は、医学を志してドイツに留学、帰国後は病院長の経験を持つ人でもあった。ちなみに板垣退助が岐阜で暴漢に刺されたとき、手当てをしたのはこの後藤である。

星は、出版事業の経営に邁進《まいしん》していた途中に一時帰国するが、このとき後藤と知り合った。星を後藤に引き合わせた人物は、野《や》にありながらも政界に隠然《いんぜん》たる影響力を持つ国士として名高い杉山茂丸《しげまる》である。詳細は不明だが、すでに星は杉山と親しかった。

星が対面したとき、後藤は台湾総督府民政長官として手腕を発揮していた。教育の普及、アヘン吸引の取り締まり、鉄道敷設、樟脳《しょうのう》の専売、農地開拓、官吏への現地人登用など、目覚ましいものがあった。後藤はこの卓抜《たくばつ》な若者を一目で気に入った。

後藤の知遇《ちぐう》を得たのち、星は再び渡米して引き続き雑誌経営に当たった。この間、野口英世との親密な交友も続いたが、雑誌経営は苦しく、たびたび日米の間を行き来して金策に当たっている。

このころ、ついに日露戦争が勃発《ぼっぱつ》した。命運を賭けたこの戦いに祖国が勝利したとき、星はもはや日本理解を高めるための雑誌経営も、その所期の目的は達したと判断して廃業し、最終的な帰国を決意する。明治三十八年（一九〇五年）、三十一歳のときであった。

帰国した星は製薬事業をはじめた。もちろん米国留学で製薬を学んだわけではない。彼が専門としたのは政治・経済であり統計学であった。しかし、米国における売薬の効能と販売システムについては、日常生活の中で精通していた。

こうしたアメリカ体験を生かしてはじめた製薬業は、意外にもヒットした。後見役《こうけんやく》の杉

星一（左）と野口英世（右）

山茂丸の支援もあり事業は順調に拡大した。大正四年、親友の野口英世が日本の学士院恩賜賞《おんししょう》を与えられたとき、帰国の金に困っていた野口は、星に「母に会いたし、金送れ」と電報を打って無心《むしん》した。二人はそれほどの仲だった。すでに経営が安定しつつあった星は、当時の金で五千円という高額を送金している。

　このおかげで野口は帰国が可能となり、およそ三か月の間、老いた母親に孝養を尽くすことができたのである。このように、野口と母とが今生《こんじょう》の再会を実現できた背景には星の友情が存在していた。知られざるエピソードである。

四、星を取り巻く陰謀のトライアングル

　ところで、星製薬発展の画期となったのは、モルヒネの製造だった。激痛を和らげる手

術の際の必需品となったモルヒネの需要は激増したが、当時は欧米からの輸入に頼るばかりであったという。星はこれに着眼して国産化を企画するのだが、大きな壁に突き当たっていた。

問題はモルヒネの原料であるアヘンをどのようにして入手するかにあった。このころ、アヘンは日本政府の専売品となっていたため、国産品を製造するにはこれを購入するしかなかったが、払い下げ価格は国際相場の三、四倍も高かったのである。とうてい商売として成り立つわけはなかった。

ここで思いついたのが、後藤が進めていた台湾におけるアヘン漸禁策《ぜんきんさく》だった。これは、新たな吸飲者をいっさい禁じる一方、従来からの吸飲者に対しては総督府管轄の台湾専売局が外国からアヘンを輸入して、その管理のうえで認めるという方法である。

この政策が功《こう》を奏《そう》して、はじめ十九万人であった常用者が、大正二年には八万人にまで減少した。ただ八万人に対してはいまだ専売局でアヘンを管理提供しており、星はこの一部を安価で払い下げてもらうべく交渉に当たった。

このとき、後藤はすでに民政長官を後進に譲っていたが、星の依頼を受けて仲介の労をとっている。また、折からの第一次世界大戦の影響によってヨーロッパからの薬品輸入が途絶《とだ》える懸念《けねん》も生じたので、モルヒネの国産化をめざす星のプランに許可が下りることとなった。かくて、わが国では初のモルヒネ製造は軌道に乗り、星製薬は飛躍的に発展を遂げる。

さらに星は次々と新たな手を打っていった。例えば、局所麻酔に使われるコカインの国産化にこぎつけている。また、マラリアの特効薬であるキニーネの精製にも成功した。まさに日の出の勢いだった。

後藤新平（右）と星一（中央）

しかし一方で、星の活躍を苦々《にがにが》しくみていた一群がいた。一つは他の同業者であり、そして星を支援する後藤の政敵とそれらに密着した官僚たちだった。

謀略《ぼうりゃく》を用いても星の足を引っ張れば、ひいては政敵後藤に痛手を与えることになると目論んだグループは、法改正やでっちあげ裁判などの方法を駆使して、星製薬に包囲網を形成していく。背後には後藤を政敵と見る憲政会一派の影が見え隠れしていた。

こうした状況下にあって、次第に後藤の政治的影響力も落ちていった。星打倒の動きには、大正・昭和前期の政官業癒着《ゆちゃく》による謀略の構図が歴然としてうかがわれる。

政界の中枢《ちゅうすう》にあった後藤も、晩年は日本少年団連盟の総裁としてボーイスカウトの教育事業に尽力したり、日独の文化交流に手腕を振るった。もともと医者であり、教育者として出発した後藤は、政敵の謀略に対して同じレベルでリベンジするような気にはなれなかったのであろう。昭和四年に死去している。

許認可権を持つ官の理不尽な所業に対して満身創痍《まんしんそうい》になりながらも、星は正面から戦い続けた。製薬会社は致命的とも言えるダメージを受け、事業も困難な事態にまで至るが、決して怯《ひる》まなかった。

五、衰亡するドイツ科学界救援に立ち上がる

このような四面楚歌《しめんそか》に陥りはじめる直前の大正八年（一九一九年）のころであった。星は後藤からこういう話を聞いた。

「今度日本に着任したゾルフ大使は、私がドイツに留学していた当時からの友人だ。そ

んなわけで、先日、旧交を温めるため会ってきたが、彼の語るところによると、ドイツの疲弊《ひへい》はひどいものらしい。あれだけ長期の戦いをやって敗れれば、無理もないのかもしれぬが、学問の水準を世界に誇るドイツ科学者たちも、実験用のモルモット一匹を買う金にさえ、ことかいているそうだ」

この年は第一次世界大戦が終結し、ヴェルサイユ条約が調印されている。敗戦国ドイツはきわめて苛酷《かこく》な講和条件を呑まざるを得なかった。国家としての体力は消耗し、風前のともしびだった。

賠償金も払えず国家財政は払底《ふってい》し、挙げ句には信じられないほどのインフレを招く。なんとマルクの価値は大戦前の一兆分の一という天文学的な下落《げらく》だった。

当時、世界に冠たるドイツの科学界は、この悪性インフレの直撃を被《こうむ》り潰滅《かいめつ》状態となった。講和成立後に日本に着任したゾルフ大使が旧知の後藤に語った窮状は、こうした経緯《けいい》を指している。

このときである。後藤から切迫した事態を聞いた星は、自分が援助したいと申し出たのである。金額は二百万マルク。当時の邦貨で八万円だった。推定換算時価でいえば六億六千万円以上になるという。

この破格の高額は横浜正金《しょうきん》銀行を通じて、ドイツ政府にあてて正金銀行ハンブルク支店に送金された。仲介を依頼された正金銀行も重役会を開いて協議し、星の崇高な行為に感じて手数料はいっさい取らずに引き受けたという。

この提供に際して、星はなんの条件もつけなかった。一方ドイツ側では、せっかくの星基金を公正に配分できるようにと、ベルリンに「日本委員会（星委員会）」なる組織を設立し、会長にはノーベル化学賞受賞者のフリッツ・ハーバー博士が就任した。

昭和五十九年に来日した西独東亜学者のエーベルトハルト・フリーゼ博士が星薬科大学で行った「第一次世界大戦後の日独文化関係における星基金の意義」と題した特別講演によると、その委員はマックス・プランク、リヒャルト・ヴィルシュテッター、オットー・ハーンなど、錚々《そうそう》たるノーベル賞受賞者らによって構成されていたという。

しかも、この委員会は星の思いを汲《く》んで、研究者に対して学術研究の停滞を回復すべく迅速に研究資金の提供を行った。助成を受けた者は、その成果を論文で公表するか、もしくは講演の形で示すことになっていたそうである。

こうして星基金は化学分野を中心に、その実験研究を大きく促進した。フリーゼ博士による星一研究に関する論文「ドイツ科学の後援者星一氏」（『化学経済』一九八六年五月号所収・佐藤正弥訳）によれば、星委員会は、「一九二五年三月三十一日に至るまでに、少なくとも九十七件の助成金支出を承認し、また九件の研究助成、すなわち九名の大学卒の新進化学者に対して、それぞれに二年間にわたり生活費と研究費の援助を行った」という事実が明らかにされている。

そればかりではない。星の援助は思いも寄らない効果ももたらした。第一次大戦中、敵国同士だった関係で、講和後にドイツ留学や商取引に訪れた多数の日本人に対する反感が強く、留学生は大学に入学することができず、取り引きもシャットアウトされる始末だったという。

ところが、ドイツ政府が星基金の壮挙をドイツ全土に公表するや、ドイツ人の日本人に対する態度が一変し、日本人留学生はただちに大学に受け入れられ、商取引も円滑に進むこととなった。世界から冷淡視されていたドイツ国民は、東方の国からの援助を知って感激に満たされた。

六、エーベルト大統領からの感謝

大正十一年（一九二二年）、星はドイツ政府から招待を受けることになった。訪問した星に対して、ドイツの主だった化学工業関係の会社・社長二十数名が集まって感謝を捧げ、エーベルト大統領は晩餐《ばんさん》に招いて記念品を贈った。またベルリン大学区では、星に名誉市民権を与えて謝意を表した。その他諸々の歓迎会が催され、まさに国賓に準ずる待遇を受けている。

これに対して星は、さらなる援助の必要を感じ、第二回目として四千万マルク、さらにインフレに影響されない邦貨で毎月二千円を、今後三年間にわたって寄付する旨を伝えた。推定時価六億円ほどにのぼる支援である。

星が帰国して翌々年、ドイツから星委員会の委員長であったハーバー博士夫妻が文化使節として来日した。この来日の背景には星一流の配慮が払われていた。実は博士の叔父は駐函館ドイツ領事として滞日中の明治七年（一八七四年）、攘夷《じょうい》主義者によって暗殺されていたのだ。それを知った星が、五十回忌の墓参も兼ねて博士を招待したのである。

星一（左）とハーバー博士夫妻

このときハーバーは、星に対する大統領親書と記念品を渡し、あわせてベルリン工科大学名誉交友章を贈呈した。加えて、ゾルフ大使と後藤新平を介し、ドイツ産業界の意向としてドイツ染料《せんりょう》の日本での販売権を星に提供すると伝えている。莫大《ばくだい》な利益をもたらすわけで、誰にとっても垂涎《すいぜん》の権利であったろうが、星は次のように言って断ったという。

「ありがたいことですが、それはいただくわけにはまいりません。自分が好意で行った寄付が、反対給付を期待してのものだったことになってしまいます。その権利は、必要としている人に公平に分配してあげてください」

これを聞いて驚いた仲介者の後藤は、

「先方はくれるというのだし、もらっておいて損はないではないか。……きみが同業者や官庁から、つまらぬことでいじめられているのを知っている。そのための力強い援軍に

星自筆の「親切第一」の額。作家・星新一の本名「親一」はここから命名された

なるではないか」

と忠告した。

この後藤に対する星の返答がふるっている。いわく、

「同業者や官庁と争うのに、外国のうしろだてでそれをやっては、筋が通りません」

と述べたというのである。筋が通らないというのは、言うまでもなく日本人として恥ずかしいという意味である。

もちろん、星に欲がなかったわけはあるまい。しかし、彼には判断や選択を迫られるとき、公《おおやけ》の立場から見てどうなのか、親切や奉仕の観点からどう振る舞うべきなのかという内なる規律が生涯を貫いて働いている。このときもそうした内面から聞こえる声に従ったまでのことであろう。

星は大正十一年に久しぶりにアメリカを訪れ、野口英世と再会し、二人でエジソンと一時間あまり面会したことがある。このとき七十七歳のエジソンは「利益よりも、まず公共のことを考えなければ物事はうまく運ばない」と語ったという。「親切第一」をモットーとした星はいたく感激したというが、そもそも彼の内部に宿っていたものだったからこそ共鳴したに違いないのである。

星はそういう男だった。

七、ドイツ国民にあてた友情の手紙

ところで、大正十三年（一九二四年）に成立した憲政会の加藤高明内閣は、政敵後藤新平の力を弱めるために、官憲を使って後藤に近い星の事業に対して悪質な妨害活動を強めた。正規の許可を得てモルヒネ製造を行っているにもかかわらず、密輸容疑をでっち上げ、異例の非公開裁判をしてまで星を有罪に持ち込んだ。結果、星製薬は経営危機に陥ってしまう。

もちろん謀略だったわけだから、控訴《こうそ》した星はのちに無罪となるのだが、この間の辛酸《しんさん》と事業の損害には甚大《じんだい》なものがあった。一時は破産宣告にまで追い込まれて住む家もなくなり、岳父《がくふ》の小金井良精《こがねいよしきよ》宅に身を寄せたこともあった。

こうした理不尽《りふじん》な謀略活動と戦いながらも、ドイツ学界への援助は一度たりとも遅滞《ちたい》もせず送金していた。控訴中の昭和元年末、ドイツではベルリン日本研究所の開所式が行われることになった。これは星の援助を契機として、日本とドイツの知的交流を促進するために設けられることになった機関にほかならない。会長にはフリッツ・ハーバー博士が就任した。

星はこの開所式に間に合うように寄付金を送金してきていたが、見るに忍びない窮状《きゅうじょう》にあった星がいかなる工面《くめん》をして届けたものか、ドイツ側では知る由もなかった。星は約束を履行《りこう》すべく金策に奔走し、不足分は青山の自宅を抵当《ていとう》に入れてまでして寄付金を捻出《ねんしゅつ》していたのである。

このときから遠く歳月は過ぎた。昭和の終盤近くになった一九八〇年ころから、ドイツでは恩人星一に対する研究と顕彰が着手されはじめた。前述したエーベルトハルト・フリーゼ博士が著した「ドイツ科学の後援者星一氏」はその成果の一つであろう。この論文には、経営が破綻《はたん》しながらもドイツ科学界への限りない支援を惜しまなかった星の厚情《こうじょう》が明らかにされ、ますます関心が高まっている。

博士はこの論文の結びで、星基金の意義に言及してこう述べている。

「孤立状態におかれていたドイツを、再び名誉ある国際社会に復帰させるために、助成金の支出を行った」

「基金によって、ベルリンと東京に二つの学術協会の設立がもたらされ、こうして両国間の親密な文化交流政策の土壌を培った。このことは、単に基金創設の翌年だけにとどまらず、一九四五年のあと一時的中断はあったものの、今日に種々の形で影響を残している」

また来日したフリーゼ博士は、星薬科大学での特別講演を締めくくる際に、一九二四年（大正十三年）、星がドイツ政府の学術政策者であったシュミット・オットあてに送った手紙を読み上げて恩人をたたえた。ドイツ挙げての感謝に対して、星はこう返信していたのである。

「わが国の化学は、長年にわたってドイツの学問から多大の恩恵を被ってきたこと、また当時、大変な苦境にあったドイツの学問の盛衰は、世界文化の命運ときわめて密接な関係にあることなどに思いを馳せるとき、私は自分たちの感謝の気持ちをいささかなりとも表明したかっただけなのです」

星が創設した大学に学ぶ学生諸君は、どんな思いで異国の学者が初公開したこの先達の手紙を聞いたであろうか。きっと彼らの胸には何かが点火したに違いない。その一瞬に歴史の「いのち」は甦ってきたはずである。

有島生馬の絵を読み解く

●知られざる日本・ベルギー交流史●

一、有島生馬が描いた「大震記念」

平成十二年秋、鹿児島市立美術館において「二十世紀回顧展」が開かれた。この回顧展では、黒田清輝《くろだせいき》から現在活躍中の作家まで約百点の油彩画が展示されたが、このうちの一点は興味深い絵画であった。それは洋画家・有島生馬《ありしまいくま》が昭和六年の第十八回二科展《にかてん》に出品した「大震記念」と題された作品である。ふだんは東京墨田区にある東京都復興記念館に常設展示されている。

どす黒い煙が上がる暗い色調の中で、傷ついた人々がうごめき、亀裂《きれつ》の入った地面には多くの死体が横たわっている。関東大震災下の潰滅状況を物語る絵画だとすぐ分かる。双眼鏡を手にした海軍服姿の人が、時の首相山本権兵衛《ごんべえ》である。

有島生馬「大震記念」（昭和6年）

このように、有島は何人かの有名人をこの絵の中に描き込んだ。有島自身も描かれているし、ほかに弟の里見弴《とん》をはじめ、藤島武二、島崎藤村、大杉栄なども画中に配されている。しかし、とりわけ注目させられるのは山本首相の脇に立っている外国人であろう。実はこの外国人は、大正十年（一九二一年）に着任し、十八年の長きにわたってベルギー日本駐在特命全権大使を務めたアルベール・ド・バッソンピエールである。

周知のとおり、大正十二年（一九二三年）九月一日、関東一帯を襲ったマグニチュード七・九の巨大な地震は、未曾有《みぞう》の被害をもたらした。

とくに東京・横浜の被害は目を覆《おお》うばかりで、全壊したり焼失した家屋は約五十万戸、死者・行方不明者は十万人を超え、その他の被災者は約二百四十

ベルギー日本駐在特命全権大使を務めたアルベール・ド・バッソンピエール

万人以上だったと伝えられている。

このとき、世界から援助の手が差し伸べられたが、とくにベルギー国民はバッソンピエール大使を仲介にしてきわめて熱心な援助を施してくれた。大使と親しかった有島は、震災から八年後にそのときの感謝を込めてバッソンピエール大使を描き込んだ。

のちにバッソンピエール大使は、みずからの回想録『在日十八年』（鹿島出版会）の中で、この有島の絵について触れている。

一枚の大きなパネルは、フランスに長く住んでいた著名な画家、有島氏の手になるもので、……大震災を寓意的《ぐういてき》に総括している。そこに当時の首相山本海軍大将が軍服を着て荒廃した光景の真ん中に立っている。私は大将の横に夏服の姿でえがかれている。それは「日本に対する外国の援助」を具象《ぐしょう》するためであった。私は傍らにいる日本の少女を励ましている姿勢をとっている。隣人であり友人である有島から、絵のこの部分のために彼の姪《めい》といっしょにポーズをとるように頼まれていたのだが、その結果、私の姿かたちは東京の博物館に残り、子々孫々まで伝えられることになったのだ。

バッソンピエール大使が、どんなに震災下の日本に尽くしてくれたか、隣人であり友人であった有島は十分に知り尽くしていた。だからこそ、その彼を「日本に対する外国の援助」の象徴として自分の姪と一緒に描いた。この大作を描く動機もそこにあったに違いない。

有島の絵の部分拡大。中央が山本首相、左がバッソンピエール大使と有島の姪

ちなみに、ベルギーからの援助総額はアメリカ、イギリスに次ぐものだったと言われるが、国力から比較すれば抜きん出た額であった。こうした惜しみない支援を送り続けたベルギーと日本との交流を探ってみたい。磯見辰典・黒沢文貴・櫻井良樹共著『日本・ベルギー関係史』（白水社）を参考にして、まずベルギーによる対日支援のあらましを見よう。

二、ベルギーの日本支援

ベルギーに向けた地震情報の第一報は、九月三日付の神戸領事館による打電だった。地震が発生した九月一日、バッソンピエール大使一家は逗子《ずし》の別荘にいたという。逗子でも地震の被害は大きかった。このときのようすはバッソンピエール大使回想録『在日十八年』に詳しい。

ようやく六日になって東京に戻った大使は、廃虚《はいきょ》と化した町並みを目撃して、「そこで見た人々は、みな平静で親切で、ほほえみまで浮かべていた」と記録して、意外に沈着に振る舞う日本人の姿に感心している。

ところで、知らせを受けたベルギー国内では、すでに五日にはヤスパール外務大臣が動いて「日本人罹災者《りさいしゃ》救援ベルギー国内委員会」が結成され、王室でも全面支援することを約束したという。この国内委員会が中心となってベルギー全土にコンサートやバザーなどのチャリティ活動が展開されていく。しかも、鉄道・郵便・電信省では九月十五日から十二月三十一日までの間、国内委員会による対日支援に関するかぎり、郵便物のいっさいを無料としている。

こうして各地では「日本の日」と呼ばれるチャリティ・イベントが繰り広げられた。最初の義捐金《ぎえんきん》十万フランが、電報為替《でんぽうかわせ》でバッソンピエール大使のもとに送金されてきた日は、なんと十二日だった。国内委員会が設立されてわずか一週間目のことである。

以後、定期的に義捐金が日本に送られてきた。教会でも積極的に乗り出し、募金活動を率先した。磯見辰典によれば、「この活動の結果、約二百六十四万二千フランを集めて日本に贈ったが、これはアメリカ、イギリスに次ぐ多額の援助金となった」(『文藝春秋』一九九七年四月号)という。

興味深い支援活動の一つに、ベルギー画家たちを中心にした絵画作品の提供がある。これらの作品は大正十三年に日本に届けられて展示即売会にかけられた。この即売会では、一週間で招待者を除く三万五千人が観賞し、一点残らず買い上げられている。

皇室も積極的に参加されて三十二点を購入された。このときの一点は「岩上の美人」と題された作品で、今も須崎御用邸に掲げられているものである。

ここでもっとも注目すべきは、このときベルギー国内で配布された「元兵士へ」(一九二三年)と題する日本支援を訴えたアピールである。これを見ると、なにゆえベルギーがかくまで日本に援助のかぎりを尽くしたか、その歴史的背景が判明するからだ。

わが勇敢《ゆうかん》なる戦士たちは、日本人によってわが兵士たちに送られ、〝日本郵船会社〟によってル・アーヴルまで無料で運ばれてきた煙草《たばこ》や茶、鉛筆、薬品類の思い出を決して忘れていないはずだ。その贈り物には心のこもった言葉が添えられていた。例えばこうだ。「私たちは、戦争がはじまってからベルギー軍が示した三つの優れた徳、すなわち忠誠・勇敢・名誉を示す〝忠勇義烈〟という名のこの小さな鉛筆をお贈りするのを幸せに思います」

当時のベルギーでは、これだけでの文面で何を意味しているのか、国民はすぐにのみこめた。こういうことである。かつて九年前の第一次世界大戦の際、ドイツ軍の侵略と戦う永世中立国であるベルギー軍兵士に対して、日本人が惜しみない数々の援助をし、物心ともに支えてくれた。だから日本が困っている今こそ、ベルギーの元兵士は恩義を返そうではないかという趣旨だった。

三、苦難のベルギーを支援した大正日本

周知のように、ドイツは第一次世界大戦に際して、フランスを一気に叩くためにベルギーを通過してフランスに侵攻する計画を立てた。もちろんベルギーは永世中立国であったので、ドイツのベルギー侵入は国際法にもとる行為だったのは言うまでもない。このためベルギーは、領内に軍を進めてきたドイツ兵と全面的に対峙《たいじ》することになった。

しかし、ドイツの電撃的な作戦と強力な軍隊を前に、ベルギーは後退を余儀《よぎ》なくされていく。二週間後には首都ブリュッセルが占領された。当時の国王アルベール一世は、フランス国境のフェルヌに近い寒村に踏み止《とど》まって必死の抵抗を続けた。

同じく立憲君主制をとる日本は、国民の先頭に立って国の尊厳を守ろうとする君主に熱い思いを感じずにはいられなかったのであろう。当時、朝日新聞社長だった村山龍平は「中立を蹂躙《じゅうりん》せられ国歩艱難をきわめつつも親しく陣中におはして将卒《しょうそつ》と共に酸苦《さんく》をなめたまえる白耳義《ベルギー》皇帝アルバート陛下の勇武を欽仰《きんぎょう》」（大正三年十一月七日付大阪朝日新聞）して、愛蔵の日本刀一振《ひとふ》りをロンドン駐在の杉村楚人冠《すぎむらそじんかん》を通じて献上した。

これに応えてアルベール一世は、

「予は貴下より贈られたるみごとなる日本刀を受領せり、これ今後予がために仁侠《にんきょう》なる日本国民の感想を表示せる貴重なる記念品たるべし、予はここに予が衷心《ちゅうしん》の感謝と同情とを貴下に表明せんことを望む」

と、感謝の言葉を記して日本に向けて発信している。

ベルギーのようすは、当時の日本では連日のように報道された。なかでも杉村楚人冠が書き送った記事に日本国民は胸打たれた。


白耳義（ベルギー）は実に一切の利害と成敗とを超絶して、その意地を立て通した。白耳義は一片意気の国である。……白耳義がその独立の体面と中立の公約とに対して、かくまでの犠牲を払つたばかりに、戦は結局敗れても、先独逸《ドイツ》の鼻柱を挫《くじ》き得た。これによつて、英仏両国はにはかに危機を救はれた。これによつて、欧州全土が独逸の毒手から救はれた。すなはちこれによつて、世界人類が凶暴な盟主の下に立つべかりしを救はれたのである。

こうして全国各地から義捐金が集まり、遠くベルギーに送られることになった。大正四年（一九一五年）当時の新聞報道に見る義捐金募集等の見出しを一部抜き出すと、「白耳義国民に同情せよ」（『大阪朝日新聞』二月十日・十一日）、「白国同情義金募集」（『東京朝日新聞』二月十日）、「飢死を待つ白国人」（『大阪朝日新聞』二月十二日）、白耳義国民の惨状に付き日本国民の義心に訴う」（『時事新報』十月八日）などの文句が紙面を飾っている。

『日本・ベルギー関係史』（白水社）によれば、以上のような日本によるベルギー支援の背景を、

「国家存亡の危機におけるベルギー国民の崇高な国家的精神や君民一致のあり方に日本人の多くが共鳴し、それが一因となってベルギーへのさらなる関心と同情とが呼び起こされることになったのである。日本の有識者の多くは、第一次世界大戦中のベルギーに、自国のあるべき姿を重ね合わせてみていたと言えるのである」

と述べているが、この大正期の両国の親密な関係は、わが国の近代史に際立つ光彩を放っていると言ってよい。

ともかく、冒頭に紹介したごとく、ベルギーが関東大震災に見舞われた日本にあらん限

りの援助を尽くした背景には、あらまし以上のような史実があった。

四、岩倉使節団とベルギーとの出会い

ところでベルギーと日本との交流史をたずねると、その発端は幕末の慶応二年（一八六六年）、両国の間に通商条約を調印したときにはじまっている。しかし、条約は結んだものの、当初は双方に関心は薄かった。内外の諸問題に追われていた幕府はベルギーとの通商にまでは気がまわらなかった。また一方、ベルギーも中国に関心が強く、その中国との関連においてしか日本には興味を持たなかったのが実情であった。

このように縁の薄かった双方が急速に接近する契機となったものが、明治四年（一八七一年）の岩倉使節団による欧米視察であった。一行は、アメリカ、イギリス、フランスなどを視察の後、明治六年（一八七三年）二月にベルギーに赴いた。

彼らは、欧米では小国であってもベルギーなどの安定した国家運営には多大の関心を強めたと言われる。視察途上、『米欧回覧実記』に書きつけた「われに感触を与うること、かえって三大国より切なるものある」とは、使節団が実感した印象にほかならない。

一行がウィーンで万国博覧会を見学したときも、「英、仏、両国のごときは、みな文明の旺《おう》する所にて、工商兼秀れども、白耳義《ベルギー》、瑞士《スイス》の出品を見れば、民の自主を遂げ、各良宝を蘊蓄《うんちく》すること、大国も感動せらる」と記したほど感銘を新たにしている。

明治４年（1871）11月、サンフランシスコでの岩倉大使一行。左から木戸孝允、山口尚芳、岩倉具視、伊藤博文、大久保利通

わが国が英米等と同等の国づくりを背伸びして求めても、とうてい無理だ、身の丈《たけ》に合ったモデルはないものだろうか、各国を視察すればするほど、使節団一行にはそんな思いが駆けめぐっていたに違いない。ベルギー訪問は、そんな彼らに実現の可能性のある手本として映ったはずである。

「国民自主の生理においては、大も畏《おそ》るるに足らず、小も侮《あなど》るべからず」と記した回覧実記のくだりを読むとき、そうか、われわれが求めていたのはこういう国づくりなんだ、と膝を打って納得した一行のようすが目に見えるようである。

実際に、その後にベルギーから学び取ったものは多い。明治五年の司法省による一か月にわたるベルギー警察制度の視察後、東京警視庁が設置された。また、明治十一年には大蔵大輔《たいふ》松方正義らによってベルギー国立銀行の調査が行われ、のち日本銀行創設に結実している。さらに板ガラス工業の分野においても、その技術導入は世界のトップクラスにあったベルギーからのものであった。このようにベルギー視察が成果を見たのは、紛《まぎ》れもない事実である。

明治二十二年（一八八九年）に制定された大日本帝国憲法の制定に際しても、ベルギーの影響は見逃し得ない。一般に、わが国はプロイセン憲法を模範に作成したと言われるが、そのプロイセン憲法自体がベルギー憲法を参考に制定されたものだった。

『日本・ベルギー関係史』によれば、憲法草案執筆者だった井上毅《こわし》は、プロイセン憲法の不備な点はベルギー憲法で補って作成していったという。井上はすでに明治八年の時点でプロイセン憲法とベルギー憲法を翻訳して、『王国建国法』と題して刊行していた。それぞれの長短を精査して草案を書いたとしても不思議はない。

また私擬憲法である立志社の植木枝盛《うえきえもり》が起草した「日本国国憲案」にもベルギー憲法の影響が見られるそうである。明治前期における日本・ベルギー交流史は見直されてしかるべきであろう。

五、明治日本の名誉を守ったダネタン公使

ところで、岩倉使節団はベルギーに八日ほど滞在したが、この間、案内の任に当たったのがベルギー外務省に勤める若き日のアルベール・ダネタンであった。このときのダネタンが、同年六月、横浜に設けられていたベルギー公使館の書記官として訪日してくる。三年ほど勤務して、いったん帰国するが、明治二十六年（一八九三年）に駐日ベルギー公使として再来日した。

以後、明治四十三年（一九一〇年）に死去するまで、十七年間にわたって公使を務めた親日家であった。長岡祥三《ながおかしょうぞう》氏による「明治時代のベルギー公使・親日家ダヌタン男爵《だんしゃく》夫妻のこと」（日本・ベルギー協会会報、第四十八号収載）は、ダネタン公使に関する貴重な論文だが、これによれば、異例の長期にわたって日本に在勤した理由は、本国外務省から他国への赴任を打診されても断り続けたからだという。

在日中に親しかった英国公使アーネスト・サトウの日記にも、ワシントンの公使やヴァチカン公使の地位を提供されても断ったというダネタンの言葉が紹介されている。ダネタ

ン夫人が書いた『ベルギー公使夫人の明治日記』（長岡祥三訳）には、「アルベールにリスボンでの地位が提供されたが、彼は強い魅力のある極東の中心地に残るほうを選んだ」と記述されている。ダネタンは頑《がん》として日本を離れようとはしなかった。

駐日時代の
アルベール・ダネタン

駐日公使当時、公使館の書斎で

　ダネタンが公使として日本に貢献した功績は多々あるが、例えば明治三十一年から三十八年までのあいだは駐日外交団の首席として活躍している。とりわけダネタンが、敢然《かんぜん》として明治日本の名誉を守った次の史実は特筆にあたいしよう。

　十七年の長期にわたって日本に滞在したダネタンは『日本からのダネタン報告』を残しているが、近代国家として日本が初めて直面した日清・日露戦争を努めて冷静に観察していて、まことに興味深い。ちなみにこの報告書は、ジョージ・アレクサンダー・レンセンの手で英語に翻訳され出版されている。筆者はロサンゼルスの古書店から入手したが、明治日本を知る貴重な文献の一つである。その一部を挙げてみよう。

例えば、日清戦争での日本軍による旅順港占領の際に、無辜《むこ》の住民に対する虐殺が行われたとする記事が諸外国の新聞に報道されたことがある。ダネタンは遺憾《いかん》の意を報告書に書いたのち、事の真偽を確かめるべく調査に乗り出した。およそ二十日後に判明した事実は、報道とは様相を異にしていた。

彼はただちに前回の報告書を修正して、事の真相を次のように記録した。

旅順港において日本軍によって行われたと伝えられる残虐行為は、新聞報道者、特にニューヨーク・ワールド紙の記者によって多分に誇張されたものであった。私はそこに居合わせたフランス武官ラブリ子爵に会ったが、彼は私にこう断言した。殺された者は軍服を脱いだ兵士たちであり、婦女子が殺されたというのは真実ではないと。旅順港占領の数日前にほとんどの住民は避難しており、町には兵士と工廠《こうしょう》の職工たちだけであった。

（『日本・ベルギー関係史』に収録された訳文）

このように、ダネタンは米国記者によって曲解された「虐殺事件」の真相を突き止め、ベルギー本国政府に対して注意を促す報告書を書いた。

日露戦争の際も同様のことが起きている。例えば、フランスの新聞が日本人がロシアの負傷兵を虐待していると報道したことがあった。これに対してもダネタンは疑義《ぎぎ》を抱き、むしろ人道主義的な日本の態度を解明して訂正と称賛の報告書を送っている。


八月十二日の海戦でルーリック号が沈没したとき、日本軍に救出された六百一名の捕虜《ほりょ》が日本に着いた。捕虜二名が傷の悪化で死んだ。彼らはロシア正教の儀式に従い、軍の礼式によって葬られた。式を司った司祭は、日本軍がジュネーブ協定に則って、ただちに自由にされたルーリック号の従軍司祭であった。（前掲書）

こうした報告はほんの一例にすぎないが、いずれにせよ、日本に対する偏向《へんこう》や捏造《ねつぞう》の記事を次々に修正し、公平な情報を送信して列国の誤った対日観を是正したベルギー公使アルベール・ダネタンを知己《ちき》とし得た明治日本はなんと幸福であったことか。

関東大震災時に対日援助に奔走したバッソンピエールは、ダネタンからバトンを引き継いだ後任のベルギー大使だったのである。特命全権公使のまま死去した日本の恩人ダネタンの墓は、東京都雑司《ぞうし》ヶ谷《がや》墓地に人知れず立っている。

東京都雑司ヶ谷墓地にあるアルベール・ダネタンの墓（著者撮影）

ショパンの国ポーランドと大正日本

●名もなき日本人たちによる孤児救出の物語●

平成七年、三十名ほどの日本の小中学生が夏休みにポーランドのワルシャワに招かれた。実は彼らは、阪神・淡路大地震で大きな痛手を受けた子供たちである。なぜ彼らがワルシャワにいるのか。もちろんポーランドの有志が招いてくれたわけだが、どうしてポーランドの人々はそんなにまでして日本の子供たちをいたわってくれるのであろうか。

両国の間を奔走して日本の被災児を招待したのは、日本のポーランド大使館に勤務していたフィリペック博士である。現在はすでに帰国し、ワルシャワの物理学研究所に復職した科学者でもある。

いったい、なぜフィリペック博士はこうしたボランティアに取り組んだのか。その背景には、大正時代における知られざる交流の歴史が存在していたのである。

実は当時、シベリアに孤立したポーランド孤児たちを日本が救い、故国にまで送り届けた出来事があった。かつての日本人のこうした崇高な行為に対して、フィリペック博士は「ポーランド人として、いつかこの恩返しをしたい」と考え続けていたのだという。そのきっかけとなったのが阪神・淡路大震災だった。

では、シベリアにおけるポーランド孤児救済とは、どんな経緯によるものなのか、兵藤長雄『善意の架け橋――ポーランド魂とやまと心』（文藝春秋）を中心に紹介しよう。

一、苦境に立つポーランド

もともとポーランドは、東ヨーロッパに君臨《くんりん》する伝統的な王国だった。ところが、近代になって国土を奪われるという悲劇に見舞われる。

一七九五年（寛政七年）にプロイセン、ロシアそしてオーストリア、これら当時の超大国によって国土を三分割されてしまう。つまりポーランドは、すべての国土を失ったのである。

そこでポーランドの愛国者たちは、地下に潜《もぐ》って独立運動を展開した。しかし、そのたびに逮捕されて家族もろとも、流刑《りゅうけい》の地シベリアに次々と送られたのである。

祖国を失い、未知の苛酷な世界に送り込まれたポーランド人にとって苦難の時がはじまった。彼らの心の支えはショパンの曲だった。長い三国分割時代、ショパンの曲を聴けば一緒に口ずさんで、祖国を思い涙を流したという。愛国者たちは、ポーランドの心ショパンの曲を胸に独立の日を夢見ながら絶望の時を耐えていく。

このときから百三十年の歳月が流れた。多くの世界を巻き込んだ第一次世界大戦が終結し、一九一九年（大正八年）に結ばれたヴェルサイユ条約によって、ようやくポーランドは独立を回復することになった。

それまで虐《しいた》げられてきたポーランド人たちが歓喜に湧いたのは当然である。とりわけ、シベリアの地に流刑となっていたポーランド人たちは、長い間、肩を寄せ合い、寒さと飢《き》餓《が》と伝染病と戦いながら生き抜いてきた。とくに親を失った子供たちは悲惨《ひさん》きわまりない事態に置かれていたという。そういう状況だっただけに、どんなに待ちこがれた独立だったことであろう。この当時、十数万のポーランド人がいたと言われる。

ところが、独立を認められたにもかかわらず、シベリアにいたポーランド人は祖国に帰れない事態となった。ロシアでは革命が起きてソ連が誕生するが、一九二〇年の春にポーランドとソビエトロシアとの間に戦争がはじまったため、唯一の帰国方法であったシベリア鉄道が危険地帯となったからである。

すでに前年には、ウラジオストック在住のポーランド人によって「ポーランド救済委員会」が結成され、孤児救済に取り組みはじめていたが、救援活動は悪条件にあって遅滞と渋滞を繰り返した。

こうしてシベリアのポーランド人は再び絶望に陥った。世界に向かって救援を要請したが、結局は失敗に喫する。事態は緊迫するものの救済委員会は窮地に追い込まれてしまう。飢餓と伝染病にさいなまれる孤児たちの命は危機に瀕《ひん》した。

二、ポーランド孤児救出

このとき、「よし、手を貸そう」と名乗り出た国が唯一存在した。それが大正時代の日本だった。具体的には日本赤十字社とシベリアに出兵していた陸軍兵士が活躍する。彼らの行動は機敏だった。事態は一刻の猶予《ゆうよ》もなかった。ただちに救出活動に入った。

彼らは酷寒《こくかん》のシベリアの地に入って行って、せめて親を亡くしたポーランド孤児だけでも助けようと悪戦苦闘する。救出した孤児たちを保護しながらウラジオストックまで行き、

日本に来たポーランドの孤児と日本赤十字社の看護婦。
1920年代初めに敦賀市で撮影されたらしい

そこから東京と大阪に船便で次々と救出した。

最初の救出では、救済決定二週間後の時点で、五十六名の孤児を東京の慈善団体の宿舎まで届けている。鮮やかな救出劇だった。以後、三年近くに及んで活動を展開、この間に合計七百六十五名の孤児たちを救済したのである。

しかし救出はしたものの、ほとんどの孤児たちは重い伝染病と飢餓で衰弱しきっていたという。大量の孤児を受け入れた日本国内の施設では、看護婦が付きっきりの看護に当たった。腸チフスのため衰弱していた子供の看護に当たった若い看護婦は、ついに自分が腸チフスに感染し殉職している。みずからの生命を捧げてまでも異国の不憫《ふびん》な子供に尽くしたのだった。

『善意の架け橋――ポーランド魂とやまと心』には、ポーランドに在住している松本照

次第に健康を回復してきたポーランドの子供たち。年齢の低い子供たちも含まれていた

男氏の証言が紹介されている。

日本に収容されたポーランド孤児たちは、日本国民朝野《ちょうや》を挙げて多大の関心と同情をよんだ。……慰問の品を持ち寄る人々。無料で歯科治療や理髪を申し出る人たち。学生音楽会は慰問に訪れ、仏教婦人会や慈善協会は子供たちを慰安会に招待した。寄贈金を申し出る人はあとを絶たなかった。一九二一年（大正十年）四月六日には皇后陛下（貞明《ていめい》皇后）も日赤本社病院へ行啓《ぎょうけい》され、奉迎《ほうげい》する児童と親しく接見し、児童のなかで最も可憐な三歳の女の子、ギエノヴェファ・ボグダノヴィチを召されて、子供の頭をいくども愛撫《あいぶ》しながら、健やかに育つようにと、お言葉を賜《たまわ》れた。

こうした献身的な看護とねんごろな世話によって、子供たちは次第に健康を取り戻していく。そこで、回復した子供たちから順次、八回に分けて祖国ポーランドに送り届けることになった。横浜港から出航する際、幼い孤児たちは泣いて乗船するのを嫌がったそうである。親身に世話をしてくれた大正日本人は、孤児たちにとって父となり母となっていたのである。それほどまで孤児たちを慈《いつく》しんだ。

このときである。孤児たちは泣きながらも、見送る日本人に感謝の気持ちを表した。滞在中に習い覚えたのであろう、日本国歌「君が代」を斉唱したのだという。

三、七十五年前の恩を返すべく立ち上がったポーランド

さて、このポーランド孤児救済活動から七十五年目を迎えたとき、阪神・淡路大震災が起こった。平成七年一月十七日である。ポーランドはただちに日本救援活動に入った。その一環として日本の被災児をポーランド招いて激励してくれたのだった。その背景には、以上に見たようにポーランド孤児を救った大正日本人に対する感謝の念が込められていたのである。

実は大正時代の当時、孤児を救済した日本に対してポーランド極東委員会副会長で医師

祖国ポーランドに帰った孤児たち。孤児であった老婦人は、この写真を75年もの間、大切に持ち続けていた

だったヤクブケヴィッチは、次のような感謝の手紙を日本に送ってきていた。

日本人はわがポーランドとはまったく縁故の遠い異人種である。日本はわがポーランドとはまったく異なる地球の反対側に存在する国である。しかしわが不運なるポーランドの児童にかくも深く同情を寄せ、心より憐憫《れんびん》の情を表してくれた以上、われわれポーランド人は肝に銘じてその恩を忘れることはない。

われわれの児童たちをしばしば見舞いに来てくれた裕福な日本人の子供が、孤児たちの服装の惨《みじ》めなのを見て、自分の着ていた最もきれいな衣服を脱いで与えようとしたり、髪に結ったリボン、櫛《くし》、飾り帯、さては指輪までもとってポーランドの子供たちに与えようとした。こんなことは一度や二度ではない。しばしばあった。

ポーランド国民もまた高尚な国民であるがゆえに、われわれはいつまでも恩を忘れない国民であることを日本人に告げたい。……ここに、ポーランド国民は日本に対し、最も深い尊敬、最も深い感恩、最も温かき友情、愛情を持っていることをお伝えしたい。


この文面に「ポーランド国民もまた高尚な国民であるがゆえに、われわれはいつまでも恩を忘れない国民であることを日本人に告げたい」と書かれたとおり、時を超えて恩に報いるために立ち上がった。

大正時代に救出された孤児たちのうち、今も数名の方がポーランドに健在である。この方々たちは震災で痛手を受けた日本の子供たちが来るならばと、地方から老体をおしてワルシャワまで出向いて来た。そして日本の被災児全員に、薔薇《ばら》の花を一輪ずつ贈ってねんごろに激励したという。

平成十一年には、神戸で開かれたイベントのために来日したポーランドの少年少女舞踊

「日本のみなさん　ありがとう」

80年前、シベリアから救出されたポーランド人孤児

●来日の合唱団に　メッセージ託す●

平成11年に日本を訪れたポーランド少年少女舞踏合唱団と、同合唱団に託された80年前の感謝の手紙を紹介する新聞記事（『毎日新聞』平成11年8月4日）

合唱団が、八十八歳になるシベリア孤児だったヘンリク・サドスキさんから預かったというメッセージを舞台で紹介した。こういう手紙だ。

　二十世紀の初め、孤児が日本政府によって救われました。シベリアにいたポーランドの孤児たちは、さまざまな劣悪な条件にありました。その恐ろしいところから日本に連れて行き、その後、祖国に送り届けてくれました。親切にしてくれたことを忘れません。合唱団は、私たちの感謝に満ちた思いを運んでくれるでしょう。日本の皆さん、ありがとう。

このサドスキさんは、手紙とともに、救出を受けた当時の大切な一枚の写真を皇室に渡してほしいと託されたという。かつて孤児たちを慰問された貞明皇后が胸に抱きしめて激励された、そのことが今も忘れられないからである。

遠い思い出の中に、心から孤児の自分たちを慈しんだ慈母のごとき貞明皇后が、今も鮮やかに目に浮かぶからにほかならない。

ポーランド孤児救出の史実をドキュメントしたビデオ（筆者所蔵）

筆者は、以上に紹介したポーランド孤児救済の史実が、平成十三年にポーランドでドキュメンタリービデオとして制作されたことを知った。ぜひ見たいし、日本史授業で取り上げたいとも考え、平成十四年一月に国際交流基金に問い合わせてみた。視聴覚担当の方に依頼していたところ、二月上旬、このビデオを制作されたディレクターのエヴァ氏から、直接メールが届いたのである。

三度ほどのメール交換ののち、今の高校生にこの交流の歴史を伝えたいとする筆者の願いを快く理解していただいた結果、現物のビデオがわが家に送られてきた。「シベリアン・ドリームズ」と題された五十二分の作品である。当時、埠頭《ふとう》で別れる場面のモノクロ写真がカバーとなっていた。

中身はポーランド語だが、英語の字幕スーパーがついていたので何とか理解できた。感動が襲った。今も健在の孤児だった方々が思い出を胸に詰まらせながら語っていく。その合間に、当時のシベリア、ウラジオストックの風景や当時の貴重な写真が映し出される。日本での思い出を語る場面は圧巻である。今も覚えている「君が代」や「うさぎと亀」を口ずさむ場面も出てくる。

それもこれも、大正時代の名もなき日本人の崇高な行為が発端だった。ヤクブケヴィッチがみずからのポーランド民族を指して言ったごとく、現下日本の私たちも、ポーランド人や先輩である大正日本人のように「高尚な国民」でありたいものである。

第二部　歴史に見る「勇ましい高尚な生涯」

近藤富蔵と『八丈実記』

●人知れず祖国の文化に貢献した人生●

かつて、「諸君は生活に疲れたから史跡を訪ねて心を癒《いや》すというが、そんな心根《こころね》で本物の歴史に触れることができるか」と喝破《かっぱ》したのは、川端康成である。確かに、われわれは己《おの》が都合に合わせて過去に興味を抱いたり失ったりしている。過ぎ去って二度と還《かえ》らぬ歴史を、現在の基準で裁いてやまない当節の風潮も、おそらく根は同じものだろう。

ここしばらく近藤富蔵《とみぞう》のことを調べていて、歴史とは奥深いものだとしみじみ感じている。この人物については、小林秀雄が手がけようとしたことがあるが、『新潮』連載の「本居宣長」にかかりっきりで時間を割くことができずに断念している。筆者が富蔵の存在を知ったのも小林のエッセイを通じてだった。

富蔵の父は北方探検家の近藤重蔵《じゅうぞう》である。ところが、その息子の富蔵についてはほとんど知られることがなかったが、昭和四十年に緑地社から富蔵の著作『八丈実記《はちじょうじっき》』が刊行

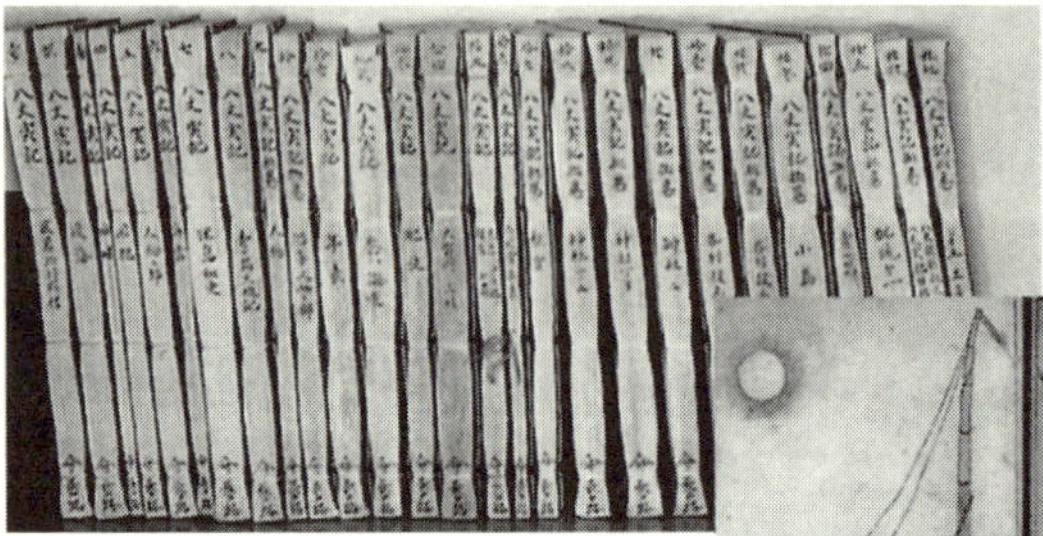

近藤富蔵著『八丈実記』と、本文にある流人船の絵（右）。赦免を受けて喜々とした人々を乗せて江戸に向かって走っていく風景が描かれている

されたことで、富蔵の名も多少は人の知るところとなった。

実は、富蔵は八丈島に島送りの囚人として流され、六十年の歳月に及んで滞在し、島の風土、生活、自然などを遍《あまね》く調べ上げ、これを克明に記録して膨大《ぼうだい》な資料を残した。民俗学の草分けのような仕事をなして、八十三歳の生涯を全うした人物である。

一、父近藤重蔵の左遷

富蔵は文化二年（一八〇五年）、江戸に生まれた。父近藤重蔵守重《もりしげ》は、江戸後期に蝦夷地《えぞち》・千島方面を探検し、特に高田屋嘉兵衛《たかだやかへい》の協力を得てエトロフ航路を開き、享和二年（一八〇二年）にエトロフ島でロシアの標柱を廃し、「大日本恵登呂府《えとろふ》」の木標を立てるなど、ロシアの南下に対する北辺の防備・開拓に尽力した人物として有名である。富蔵の幼少時、父重蔵は幕府の紅葉山文庫を管理する書物奉行に就任し、得意の時期にあった。この年、妻を離縁し後妻をめとっている。したがって富蔵は四歳で実母と生別せざるを得なかった。

こうした幼少時の愛別離苦《あいべつりく》のためか、富蔵は手習いの時期を迎えても、これを嫌ったという。祖父の説得で四書の素読をはじめたのも十二歳のときである。当時としてはきわめて遅いほうであろう。

羽振《はぶ》りのよかった父重蔵は、このころ、鎗ケ崎《やりがさき》（現在の目黒駅近く）に別邸を造築した。そして、ここに富士塚を築き、浅間《せんげん》神社の分社と自身の蝦夷地探検の甲冑《かっちゅう》姿を石像にしたものを建立して一般に開放した。

重蔵が土地を購入した相手は地主の塚越半之助といい、この新名所を見物に来る客をあてこみ、土地売却の資金で蕎麦屋《そばや》を隣接して儲《もう》けを企んでいた。これが、のちに近藤家にとって禍《わざわい》の元となる。

いずれにせよ、当時、このような富士塚を造築して新名所をつくる動きは盛んだった。人々の間に富士山信仰は熱く、稀代《きだい》の豪傑《ごうけつ》だった重蔵は、一方で派手好みでもあり、「目黒新富士」と呼ばれた壮大な庭園造築に夢中になった。

もちろん、重蔵は道楽だけに興じていたわけではない。若き日からさまざまな著作や献策を著していた。書物奉行として『金銀図録』や『宝貨通考』を著して献納したほか、家康以来の外交文書を整理した『外蕃通書《がいはん》』十巻などを編纂し、これまた幕府に献納している。まさに得意の絶頂にあった。

そういう次第で、彼に驕《おご》りがなかったとは言えまい。ついに重蔵は、紅葉山文庫の改築をめぐって老中《ろうじゅう》水野出羽守《みずのでわのかみ》と対立。結果、大坂弓矢鎗奉行に転役を命じられることになる。

異例の出世に加え、拝領屋敷を担保に多額の借金をして別邸を建てたり、はては築山《つきやま》まで造営する。そうした振る舞いに対する批判や反感は、幕府内にも渦巻いていたことだろう。

しかし重蔵は、世間の風評にも左遷にさえもいっこう意に介さない。しばらくは病気を口実に、鎗ヶ崎の別邸に引きこもって庭園造営に明け暮れていた。せかされて大坂に発ったのは文政二年（一八一九年）十二月のことである。このとき、十五歳を迎えていた富蔵は父とともに行を供にしている。

大坂での重蔵は、以前にもまして放蕩《ほうとう》、散財《さんざい》を繰り返した。思春期の富蔵にとって、父の所業は耐えられぬ思いだったろう。父子の間に齟齬《そご》が生じたとしても不思議はない。仔細は不明だが、富蔵は天満鈴鹿町の本教寺に四か月ほど預けられたことさえある。

ちなみに、この本教寺滞在中に富蔵は、佐藤そえという十四歳の少女と出会うが、このそえが彼の生涯を変えた女性である。

大坂滞在は二年半ほどで終わりを告げた。大坂での生活ぶりが再び不評を買い、文政四年（一八二一年）春に江戸に呼び戻された重蔵は永代小普請《こふしん》入りを申し渡され、一気に出世の道から転落するに至った。ほとんど無役に近い人事である。

二、「鎗ヶ崎事件」とその顚末

ところで、江戸に戻った重蔵を待ち受けていたのは降格人事だけではなかった。実は大坂に赴任するとき、留守中の別荘と庭園の管理を塚越半之助に依頼していたのだが、この半之助が蕎麦屋から見物可能なように勝手に改築して客を集め、商売に利用していた。

重蔵はこれを知って激怒し、ただちに復元を迫ったが、元博徒《ばくと》でしたたかな半之助は、名声が地に墜《お》ちはじめた重蔵を知って、従おうとはしなかった。

結局、事は訴訟にまで発展し、重蔵側が勝ったものの、その後も半之助は無頼《ぶらい》の徒を雇《やと》っていやがらせを繰り返すまでになった。

ここまでの無法に強硬手段をとれなかったのは、これ以上トラブルを起こせば重蔵自身が窮地に追い込まれるのは必定《ひつじょう》だったからである。切歯扼腕《せっしやくわん》の思いで我慢を強いられる日々を送っていた。

こうした近藤家の一大事に際して、富蔵はどうしていたか。実は不在だった。すでに大坂時代に父とのいさかいから出奔《しゅっぽん》し、紆余曲折を経て越後高田の最勝院性宗寺に赴き、有髪のまま入門していたのだ。のちに獄中で富蔵が著した『鎗丘実録』には、「父をうらむことありて出奔し……」と書いている。

富蔵と父との対立の要因には、佐藤そえとの結婚問題があった。富蔵は大坂の本教寺で見初《みそ》めたそえが忘れられなかった。しかし、重蔵は頑として認めはしなかった。複雑きわまりない近藤家に育った富蔵にしてみれば、そえは観音菩薩《かんのんぼさつ》のごとく映ったことだろう。

父の許しを得られない富蔵にとって、もはや安住する世界はなかった。いきおい彼の足は仏門に向かった。

性宗寺では本格的に仏典に触れている。父との葛藤《かっとう》と恋愛の破局が、富蔵をして仏典に向かわしめたと言ってよいだろう。どんな心持ちで過ごしていたか、詳細な記録はないが、二十歳そこその青年の寂寥《せきりょう》感は慰撫《いぶ》されるはずはなかったと思われる。

ここで四年ほど修行に励んだが、不遇《ふぐう》をかこつ父のようすが風の便りに届く。すでに勘当《かんどう》の身ではあったが、人を介して父の許しを受けた富蔵は帰参《きさん》する。かくて江戸に戻った彼は、父重蔵が小普請組に身をやつしているうえに、なおかつ鎗ヶ崎の別荘をめぐるいざこざで苦境にいることを知ったのである。

ここに至って富蔵は自問した。いわく、「半之助を討《う》ちて吉凶《きっきょう》を一刃の上にさだめて我が家督《かとく》を奉祀《ほうし》して日比（日々）恋したふ妻を嫁《め》とるか」と。すなわち、父の窮状《きゅうじょう》の一端を救って近藤家再興を図るとともに、あわせて宿願の佐藤そえを妻とする許しも得たいと考えた。

もちろん、ひと騒動を惹起《じゃっき》するのだから近藤家の致命的転落ともなりかねず、富蔵に逡巡《しゅんじゅん》はあった。しかし、目の前に見る悄然《しょうぜん》とした父と、心中に宿るそえの面影を思うとき、決断は一気に下った。富蔵は玉川にみそぎして祈願し、父の敵である半之助一家七人を斬《き》った。文政九年（一八二六年）五月十八日、富蔵二十二歳のときである。

この事件は大きな話題をさらった。近藤父子は評定所《ひょうじょう》の取り調べの結果、富蔵の意に反して近藤家は改易《かいえき》、重蔵は江州《ごうしゅう》（滋賀県）高島郡大溝《おおみぞ》藩主の分部左京亮光実にお預け、富蔵は八丈島へ流罪《るざい》となったのである。

平然と不法行為を犯して乱暴狼藉《らんぼうろうぜき》を繰り返す半之助らを討った旗本《はたもと》が改易され、重罪に処せられた背景には、前述したような重蔵に対する反感があったに違いない。

当初、老中大久保加賀守《かがのかみ》が事件の吟味《ぎんみ》を命じた際、旗本が狼藉者を処断したことに対して吟味とは承服しかねる、という異議すら幕府内では出たという。しかし結果、厳しい措置《そち》がとられて、近藤家は離散する。

三、一家離散後の父子

ときあたかも、わが国には頻々《ひんぴん》として外国勢力が迫っていた時期である。前年には異国船打払令が出たばかりであった。北方探検に勇名を馳《は》せた重蔵は降格されたとはいえ、ロシアの野心に対抗すべく、北方の護《まも》りをいかに固めるか、論策を急いでいた時期でもあった。

これらすべてが水泡《すいほう》に帰することになった。失意のきわみであったはずだが、大溝藩に預けられた重蔵は改易処分にさほど動じたようすが見られない。食欲旺盛で肉食を好み、賄《まかない》方《かた》では遠方から材料を取り寄せることも多くて出費がかさんだという。

重蔵の世話を担当した大溝藩士から聞いた話が、松浦静山著『甲子夜話続編』に出ている。

「番士ら何事も彼の心に違《たが》わぬよう申し談じ、心がくれども、ときとして不興《ふきょう》を受ける族《やから》もあり。そのときは右の者は退けて出番せず。……はなはだ扱いかぬる由」

とにかく、重蔵は預かりの身など気にかけるようすもなく平然たるものだった。小藩であった大溝藩は、重蔵が死去するまでの二年余り、その世話に振り回されている。

こうした父重蔵の剛胆な気性は、富蔵にも確かに受け継がれていた。入獄した小伝馬町《こでんまちょう》の牢《ろう》は環境劣悪で、牢死する者が跡を絶たなかったと伝えられているが、富蔵は驚くべき健啖《けんたん》ぶりを見せ、「元気さらにおとろえず、……少しの病なし」というほど意気軒昂《いきけんこう》たるものがあった。

傍《かたわら》から見れば、この父子には共通して尋常ならざるものが感じられることだろう。奈《な》落《らく》の底に落ちようとも、なにゆえか心身は強靱《きょうじん》そのものなのである。

そもそも重蔵には、わが国の北方防衛策を樹立し得るのは自分をおいて誰がいるのかという強烈な自負があった。落ちていけばいくほど、彼の内部にはこの自負が居座《いすわ》った。重蔵にしてみれば、改易ぐらい何だという思いだったろう。

富蔵とて同じであった。彼の胸は父との和解と恋愛成就の悲願が充満していた。牢獄の劣悪な環境も流罪も彼の心身を蝕《むしば》むことはできなかった。

では、いったいこういう人物のどこが面白いのか。

富蔵にとって明治維新や新時代の機運など、まったくと言っていいほど関心などなかった。そうした外側に展開される時流によって安心立命の境地に到達したのではない。彼は体験即思想としかいいようのない、何かをつかみ取った。いや、みずからの内部から汲み取っている。

その人生は波瀾万丈に見えはするが、その大半を過ごした八丈島生活にドラマチックな展開があったわけではない。気の遠くなるような凡俗《ぼんぞく》に徹した囚人《しゅうじん》生活が続いただけである。五年、十年ではない。歳月は六十年を数えている。

しかし、外来から途絶した単調な生活だったからといって、そこに思想が発芽しなかったわけではない。彼は独自の思想を育てた。娑婆《しゃば》では明治維新が劇的に推移していた時期である。

四、少女の面影

富蔵にとって相対すべき対象は八丈島だった。しかも彼の胸中には父重蔵と大坂の娘も紛れもなく息づいていた。「まぶたの父」「思い出の恋人」という程度の生やさしいものではない。

『八丈実記』に収録の「よしあし草のむつことに序」は、天保九年（一八三八年）に書かれたが、この中に佐藤そえに対する狂おしいまでの情念が綴られている。次に引く一文など、その典型である。

父のつかいに称法山にゆきしとき初めて女をかゐまみてより天上の美人もかくやらんとそゝろにこゝろまよいて忘るゝひまはなけれども、……おとこは十六をんなは十四にてなんありしこれよりいとゝ愛欲の波おだやかならねといゝよることもはづかしく思いのほむらのみもゑて…。

そえとの出会いは、富蔵が十六歳、彼女は十四歳のときだった。「天上の美人もかくやらん」との鮮烈な印象は、幾年経とうと変わりはしなかった。「思いのほむら」は時空を超えて胸中に燃えさかっていたのである。そして、

「……悪《あ》しきみちをば天の照覧地のいかりあ、いか、せん家を亡《な》くしあまつさへ父を害し男は遠流《おんる》の身となりて父母の名を聞ことさゑもあたわねばましてこいしき女をやくゆれとも詮《せん》なしかなしめともかゑらず」

と記して、来《こ》し方の不運なる因果を嘆き悲しんでいる。「くゆれとも詮なしかなしめともかえらず」とは、富蔵の運命を含蓄する象徴的なつぶやきである。

この年の七月十七日、富蔵は観世音の霊場に参籠《さんろう》したが、その晩、夢にそえが立ち現れる。そのときの富蔵の歌は、当時も今も変わらない彼の心情が表れている。

見し夢のまさしき占といつなりて結ふ縁《え》にしをいつかなすらむ

また、明治十年三月十日、富蔵は八丈島を訪れたイギリスの外交官・日本研究家である

アーネスト・サトウと会っているが、ここでもそえとの関係を語っている。

二人の対面については、『八丈実記』には記録されていないが、『NOTICE OF A VISIT TO HACHIJO IN 1878』（Transaction of the Asiatic Society of Japan）に収録されている。

サトウのメモによれば、富蔵は、半之助一家を断ったのは父親の名誉を守るためだったと述べ、さらにもう一つ理由があったとして「私がある娘にほれたからなんです」と語った由である。つまり、父の窮状を救った暁《あかつき》にはその娘との結婚を許してくれるのではないかと思って討ったのだと明かしている。

このとき富蔵は七十三歳であったが、かくまで烈《はげ》しいそえに対する思いが富蔵の生涯を決していた。一人の娘に寄せる「純愛」はいささかも色褪《あ》せていない。八丈島での流人《るにん》生活およそ六十年、この間に悲恋《ひれん》の相手は夢の中に観音菩薩となってしばしば立ち現れたと、彼みずから書き残しているほどである。

明治十三年、七十六歳で赦免《しゃめん》になった富蔵は、往時の娘の生国を訪ねるが行方《ゆくえ》は知れず、懐かしい思い出の場所を巡って、結局は空しいまま再び八丈島に戻っている。

五、富蔵が育てた思想とは

すべてが藻《も》くずと消え、挙げ句には八丈島に流された富蔵は、思うところあって殺生《せっしょう》をいっさい慎《つつし》み、しらみの類いまで殺さなかったという。文政十一年（一八二八年）には、世話する者があって島の娘逸と所帯を持ち、一男二女の父となった。

折からの飢饉に見舞われて一家は餓死寸前に追い込まれるも、富蔵はあらん限りの力を尽くして家族を守り育てた。常に赤貧《せきひん》洗うがごとき生活だったが、仏像を造り、絵を描き、また石垣を築き、旧家の系図を整理し、畳職人などの仕事に精励して家計を支えた。今に残る服部《はっとり》屋敷の石垣などは彼が築いた一つである。

こうした苦難の生活を送りながらも、仏教徒として信心を欠かさず、和歌や俳句をたしなみ、古文書《こもんじょ》を読み、さらには島民の教育にまで傾注した。

富蔵が築造にかかわった服部屋敷の石垣

すでに一家をなした富蔵にとって夢に現れるそえと現実の妻は、もはや相矛盾する存在ではなかった。そえは次第に観音菩薩として昇華《しょうか》していた。この観音菩薩を胸に絶海孤島の八丈島で現実の妻子を守り抜き、みずからを支えたのである。

前述のとおり、富蔵は越後高田の性宗寺で仏縁を得ているが、仏徒として正統な道を歩いたわけではない。どれほど仏典に精通していたか、怪しいものもあろう。

しかし一人の娘との邂逅と別離が数奇な運命をもたらし、この体験が彼の心に棲《す》みついて、独自の仏道を生みだした。その結晶が『八丈実記』にほかならない。思想とは虚空《こくう》にあるのではない。富蔵の足下《そっか》にあった。

八丈島は時代の動きからまったく隔絶した世界だった。本土にこそ本来の生きる世界がある。いつかはあの世界に帰りたいと、流人たちは誰しも、そう思ったことだろう。ところが富蔵は、この八丈島こそ本当の世界だと観じとった。そうでなければ、のちに赦免となって本土に帰ったにもかかわらず、どうして再び島に戻って来ることがあろうか。

父もそえも、自分の胸に息づいている。傍らには、妻と子が貧困《ひんこん》に抗《あらが》いながら必死で生きている。他の流人たちも、そして自分たちを寛大に扱ってくれる島民たちも、懸命に島の生活を送っているのだ。ここ以外にどこにおのれの世界があるというのか。富蔵はそう思ったに違いない。

六、絶海孤島で書き継いだ『八丈実記』

かつて小林秀雄は、『八丈実記』に寄せて、

「一年に数回しか船の往来のない孤島で、人々が、自然と直面して一所懸命な生活をしている、そのありさまに、汲めども尽きぬ人生の真相があると観じたのでしょう。これを綿密に観察し誰に読ます当てもなく、これを忠実に記録して、決しておのれを語らない。それが彼の仏道となった」

と語った。

八丈島をあますところなく記録しようと決意していく過程には、そうした悟りのごときものがあったはずである。かくてただひたすら島の記録を書き続けた。

その内容は広範囲に及んだ。地理、歴史にはじまって、生活、文化、宗教、方言、産業、自然等々、細大漏《も》らさず調査記録している。実際に記述しはじめたのは弘化三年（一八四六年）のころからである。後年、彼が詠《よ》んだ歌に次のような一首がある。

もう言はじ書かじと思ひ思へどもまたあやなくもしめす水茎

小林の言うとおり、読ます当てなどなかった。書いても詮なきことと思い、筆を擱《お》いたこともあったろう。しかし再び筆をとっては八丈島史の仔細を綴った。富蔵にとって、もうそれは念仏を唱えるようなものだった。

のちに鹿島則文は、『八丈実記』のために書いた序「八丈誌料序」に、富蔵の業績をたたえて、こう記した。

名勝と風土を論ずることなく、およそこの島に関係する者、土地の変換、吏使《りし》の隆替、男女の風俗、物産の多寡《たか》、ことごとく旧史野乗《きゅうしやじょう》を考究し、諸を野叟村婆《やそうそんば》の談に徴《ちょう》し、四十余年の久しきを積む。しこうして網羅包挙《もうらほうきょ》、具備せざるなし。……豈に大快事にあらざるや。嗚呼《ああ》、父子にして南北辺土の事実を著す。偶然ならざるに似たり。

明治十一年（一八七八年）、ついに『八丈実記』が公に知られるところとなった。東京府警視庁の役人から清書して上納するよう命ぜられたのである。このときに富蔵は万感の思いを込めて歌一首を詠んだ。

捨てられし海原《うなばら》遠く八丈なる草も花咲く御代《みよ》ぞたのもし

近藤富蔵の墓（左）と逸の墓（右）

富蔵はただちに浄書《じょうしょ》にとりかかり、翌明治十二年、六十九巻にまとめて献納した。ただし、このときの実記はその後の行方が明らかではない。現在、東京都公文書館が所蔵する『八丈実記』は、実は明治二十年に再び富蔵から買い上げたものである。

明治二十年五月に来島した一行の中にいた東京府銀林書記官が、たまたま『八丈実記』の存在を知り、所望して買い取っている。時に五月十日過ぎであった。

銀林ら一行が気づかなかったら、明治十二年版のものは所在不明となっているので、間違いなく『八丈実記』

全文は現在に伝わってはいないだろう。富蔵が八十三歳の生涯を閉じたのは三週間後の六月一日であるから、僥倖《ぎょうこう》というほかはない。

この民俗地理誌は、今も八丈島をはじめ島の研究にとって第一級の文献である。柳田国男も『島の人生』の中で先駆者近藤富蔵に言及している。

明治維新といえば、世に名だたる俊秀《しゅんしゅう》が数多くいるが、人知れず『八丈実記』を著して祖国に貢献した生涯もあったのである。歴史とはなんと奥深く豊饒《ほうじょう》なものであろうか。

明治の新気運には露《つゆ》ほども関心を示さず、父と、愛した女と、そして絶海孤島の八丈島だけを心に刻んで独自の思想をつかんだこの男の生涯を銘記しておきたい。

諸国遊学の中の吉田松陰

●「発動の機は周遊の益なり」●

一、激動の時代に出現した松陰

吉田松陰は、天保元年（一八三〇年）八月四日、長門国萩の東郊松本村に、父杉《すぎ》百合之《ゆりの》助《すけ》常道、母瀧の次男として誕生。松陰五歳のとき、父の弟吉田大助賢良に世嗣《よつぎ》がいなかったので、吉田家の養子となり家督を継ぐ。

この吉田家は、代々山鹿流《やまがりゅう》兵学《へいがく》をもって石高《こくだか》二十七万石の毛利氏に軍学師範として仕《つか》え、兵学を藩校明倫館で講ずることが主な任務であった。

天保六年、叔父吉田大助の死後、六歳の幼童《ようどう》たる松陰は、もう一人の叔父の薫陶《くんとう》を受け家学復興のために一心不乱の少年時代を送っている。このような松陰の緊張した成長に合わせるごとく、わが国を囲む時勢は次第に急を告げていく。

十一歳の幼少ながら、藩主の前に『武教全書』戦法篇三戦を講じて藩主毛利敬親《もうりたかちか》を驚嘆せしめていたころ、隣国の清ではアヘン戦争が勃発して、翌年、清は敗北を喫し、列強の波はアジア全体を震撼《しんかん》させ、わが国にまで押し寄せてくる勢いを示しはじめていた。

松陰が十五歳から十七歳の三年間にも、仏船が琉球、露船が松前、英船が琉球に相次いで来航。さらに孝明天皇践祚《せんそ》の弘化三年（一八四六年）には、米使ハリスが浦賀に来て通商を求め、仏船も再び長崎に来航するという動乱の兆候が見えてくる。松陰の一生を通覧すると、まさに迫りくる国難に符合《ふごう》するように人生を駆け抜けている。

いずれにしても国防の任を意識し、自覚的に成長を続ける少年松陰の胸には、これら海外諸国の実態がいかなるものであるのか、熟知したい欲求がふつふつと湧き上っていたといえよう。

吉田松陰像（京都大学附属図書館所蔵－芝田雪州作－）

こうして松陰は胸に充満する欲求抑《おさ》えがたく、ついに意を決して遊歴の途《と》につく。爾来《じらい》、折しも松陰二十一歳のときだった。全国津々浦々に至るまで、およそ五年間の遊歴を続けるが、各地歴訪の折々に書きつけた日記を中心に、若き日の松陰像に迫ってみたい。

二、「機なるものは触に従ひて発し、感に遇ひて動く」

嘉永三年（一八五〇年）八月二十五日、多感なる青年松陰は、萩の松本村を発して九州遊学に出発する。筆者は、とりわけこのころの松陰が無性に好きだ。心の赴くままに小倉、佐賀、大村、長崎、平戸、天草、島原、熊本、柳川、久留米等の旅程を健脚で歴訪し、その年の十二月二十九日に帰宅している。

この間に認めた紀行文が『西遊日記』として現在に伝えられている。三十歳で生涯を閉じた松陰の年譜を見れば分かるとおり、二十代後半をほとんど幽囚《ゆうしゅう》の身に過ごした松陰にとって、その前半生の五年間は、あたかも後の幽囚を予感していたかのように、祖国の各地を普《あまね》く訪ねている。

ところで、徳川時代は同時代のヨーロッパの文明国に勝るほどの知識人口の層があったし、賢者は江戸に集中しているわけではなく、全国津々浦々に学を講じていた。したがって、学に志す俊秀は遊歴の旅を試みて、己が志を鍛練《たんれん》するという次第だった。だが、藩外への留学は、その滞在期間がやかましく、とりわけ家督を継いだ者には、容易に許可は下りないのが実情でもあった。

松陰自身もその一人であり、遊学の許可をもらうのは並大抵のことではなかった。「藩《はん》臬《げつ》厳重なるに羈絏《きせつ》せらる」(『葉山鎧軒《がいけん》に与ふる書』嘉永二年)とみずから言うように、藩の許可を得るまでずいぶん難渋《なんじゅう》したようである。

さて、こうした経緯ののち勇躍出発する松陰の胸には、二つの目的が秘められていた。一つは、平戸を訪ね、山鹿流兵学の宗家の一人山鹿萬介、ならびに以前から欽慕《きんぼ》していた佐藤一斎の高弟葉山佐内(号を鎧軒という)の門を叩くことであった。

いま一つは、わが国が唯一海外に窓を開いていた長崎に赴いて、是が非でも動乱する海外諸国の事情を自分の目でつぶさに調査したい、という点にあった。この燃えるような期待感に胸を弾ませながら、松陰は『西遊日記』の序にこう書きつけた。

道を学びおのれを成すには古今の跡、天下の事、陋室黄巻《ろうしつこうかん》にて固《もと》より足《た》れり。豈に他に求むることあらんや。顧《おも》ふに、人の病は思はざるのみ。則ち四方に周遊すとも何の取る所ぞと。いわく「心はもと活《い》きたり、活きたるものには必ず機《き》あり、機なるものは触《しょく》に従ひて発し、感に遇《あ》ひて動く。発動の機は周遊の益なり」と。西遊日記を作る。

松陰は自己一身を鍛える方策としては、自分の部屋にあって先賢の書を徹底して読破していくことで十分である。この基本的で地道な勉学を離れて、いたずらに師や友を求めて四方に遊学したところで、いったい何が得られるというのか、とまず自問する。

確かにそれは一理ある、だが、そうはいっても心中、やはりやむにやまれぬものがあるのだ。松陰はそういうおのれの心の高ぶりを書き記す。

「心はもと活きたり」、心というものの本来の姿は活きて働くところにある、生命の躍動する姿こそ心ではないか、と松陰は喝破する。生命感あふれる心の活動には、必ずや「機」、つまり人生のチャンスが訪れるはずだと言う。

いな、チャンスというものは、与えられるものではない。心の躍動の中におのずから生まれるものだ。心がピチピチと躍動さえしていれば、手応えのあるものに触れた瞬間、人生は大きく飛躍する。

そういう予感を込めて、「機なるものは触に従ひて発し、感に遇ひて動く」と信じてやまない。そのように確信する松陰にとって、この遊歴の真意は、新奇《しんき》の学問を他郷に求めるということではなかった。学問以前の、学問に生命を与える心情の豊かな「発動の機」を周遊によって体得するところにあった。

学問とそれを内に支える心情が乖離《かいり》する危うさ、そのことを松陰はいちばん憂慮した。学問が活きた学問となるもならぬも、一にかかって「触に従ひて発し、感に遇ひて動く」か否かにある。このように決意し、初秋の大気を胸に吸い込みながら、この青年は一歩を踏み出したのであった。

三、生涯の師友との邂逅

こうした松陰の初志は、九州滞在中にみごとに稔《みの》っていく。

目的地の平戸に着いた松陰は、旅装を解く寸暇も惜しんで宿願の葉山佐内（鎧軒）訪問を果たし、平戸滞在中、足繁く通った。「鎧軒先生を訪ふ」という一篇の漢詩に松陰の心情がみごとに表現されている。

松陰が宿泊した平戸の旅館「紙屋」跡（左）と、葉山佐内の邸宅前にあった当時の飛び石（右、撮影・谷山靖浩）。松陰はこの石を踏みしめて佐内を訪れた

経《けい》を説き史《ふみ》を論じまた兵を談ず
着実の工夫細評を得たり
侍坐《じざ》端なく閑話久し
月輪来り照らすこの心の明

（『西遊詩文』）

宿願の師に見《まみ》えた感動は、詩句の隈々《すみずみ》に感じられる。「侍坐端なく閑話久し」、つまり先生の傍らに親しく坐して学問のあり方を淡々と語り過ごす。そのときの心境を「月輪来り照らすこの心の明」とうたった。時を忘れて師と語らううちに、いつしか月が秋の夜空に間近く昇り心を照らしていく。まさに「侍坐端なく閑話久し」という師との交流は、時代を超えて、あるべき学問の原型ではないだろ

うか。

こうして松陰は師弟の交流を結び、果敢なる研鑽を積みながら、予宗外の熊本へ足を延ばすのだが、この熊本の地で終生の友となる宮部鼎蔵《みやべていぞう》と邂逅することになる。松陰はこの初めての出会いをこう綴っている。

十二月十二日晴。池部に至る。宮部来る。相伴ひて荘村に至る。談話深夜に至る。この夜、月明朗、単行して清正公に詣づ。豪気甚し。宿に還《かえ》れば人定まる後なり。

（『西遊日記』）

実に簡素な記述ではあるが、宮部鼎蔵との初対面のようすが行間に立ち表れている。宮部鼎蔵は、松陰と同じく山鹿流兵学の師範で、質実剛健で義に勇む武士だった。この後、江戸にて再会し、生涯の深交を持つ二人の男の初見はここに始まっている。

松陰は、この日を迎えるまで、同学の友とかくも意気が溶け合う鮮烈な経験はなかったであろう。打てば響くがごとき談論風発するさま、それはまさに魂の呼応する世界だった。

ふと気づくと夜はすっかり更《ふ》けていた。別れを告げて戸外に出ると、寒月は皓々《こうこう》と輝いている。高鳴る昂揚《こうよう》を抑へ難く、加藤清正公の廟所《びょうしょ》に詣でる。その道すがらふつふつとこみ上げてくる胸の高鳴りを「豪気甚し」と言い表した。

凍《い》てつく真冬の夜気の中を歩む松陰の体内は、真っ赤に熾《おこ》った炭火のごとくたぎっていたことだろう。ついに千載一遇《せんざいいちぐう》の「発動の機」に立ち合えた歓び、その明朗な歓びの声が、実に簡明な言葉にはちきれんばかりに含蓄されている。

葉山佐内の墓（平戸市、撮影・谷山靖浩）

「宿に還れば人定まる後なり」、つまり止宿《ししゅく》に戻ると、ものみな寝静まり、寂《せき》として声もない。だが床に就いても松陰の胸中には、魂と魂が交流し合う内的体験の鼓動がびんびんと反響していたはずである。

青年松陰は、この初の九州遊歴によって学問知識の獲得ばかりではなく、出発に際してみずから誓ったとおり、わが心が「触に従ひて発し、感に遇ひて動く」さまをまざまざと見たことだろう。

一旦、発動しはじめた活きた心の躍動は、やむことなきうねりとなって一筋の道を開いていくことになる。そういう意味で、この「発動」実験ともいえる旅は、松陰の人生を人生たらしむる一里塚となった。

四、「方寸錯乱いかんぞや」

しかるに「活きた心」というものは、ときには挫《くじ》けて嘆いたり、苦しんだり、はた錯乱《さくらん》したりするものでもある。それは松陰自身にもしばしば訪れた。

ただ松陰の場合、いかなる事態であれ、心が空白になってしまうことがない。常住坐臥《じょうじゅうざが》、具体的課題の前でのみ嘆き苦悩し喘《あえ》ぐ、それが松陰の人生に対する姿勢である。

九州遊学から戻った松陰は、ほどなく「軍学稽古のため江戸差登され候」という辞令(嘉永四年一月二十八日付)を受ける。願ってもない藩費による江戸留学が実現したのである。

嘉永四年(一八五一年)三月五日、藩主参府に従って萩を発ち、四月九日に江戸に到着した。爾来、桜田の長州藩邸を居所と定めて刻苦勉励《こっくべんれい》に寧日《ねいじつ》なく努めていく。

経学、兵学の師に就いての聴講、輪講は月に三十回、そのうえ月二回藩主へ進講、さらに同藩同輩のために『大学』『論語』の会読を主宰し、あるいは再会した宮部鼎蔵、その他の同志と兵書会読研究会を開く。

また一方では、剣術や馬術にまで手を染めるありさまで、兄梅太郎にあてて「何分会を減じ候はではさばけ申さず候」（五月二十日付）と書き送るほどの獅子奮迅《ししふんじん》ぶりだった。

しかし、学問に努めれば努めるほど、松陰の目には、「江戸にて兵学者と申すものは噂《うわさ》ほどにはこれなきよう……」（六月二日付家兄宛書簡）に映ってくる。六月下旬に至ると、「江戸の地には師とすべき人なし」（友人中村道太郎宛書簡）とまで断ずるようになり、九州遊歴の折の、あの感奮は見る影もなく、寂蓼とでもいうべき心境に落ち込んだ。

そして、ついに「方寸《ほうすん》錯乱」の事態に立ち至るのである。八月十七日付で兄にあてた書簡にその苦悩のようすがありありと綴られている。

　これまで学問とても何一つ出来候事之れなく、わずかに字を識《し》り候までに御座候。それゆえ方寸錯乱いかんぞや。

　まず歴史は一つも知り申さず、これをもって大家の説を聞き候ところ、本史を読まざれば成らず、通鑑や綱目くらいにては垢《あか》ぬけ申さざる由、二十一史亦浩幹《こうかん》なるかな。

頃日《このごろ》とぼとぼ史記よりはじめ申し候。（中略）矩方《のりかた》も兵学をば大概に致し置き、全力を経学に注ぎ候はば一手段之れあるべく候へども、兵学は誠に大事業にて経学の比にあらず。かつ代々相伝の業を恢興《かいこう》する事を図らずして他に求むる段、なんとも口惜しき次第申さん方もなし。方寸錯乱いかんぞや。（中略）

僕学ぶ所いまだ要領を得ざるか、一言を得てしこうしてこの心の動揺を定《しず》めんと欲す。萬祈萬祈。

松陰は万感の期待を込めて江戸の多岐にわたる学問に、渾身《こんしん》の力で臨んだのだが、とどのつまり、「方寸錯乱」の状態に陥っていった。

歴史をはじめ多岐にわたる学問を、いまだ統《す》べ修めることのできない喘ぎ、次いで経学との相剋《そうこく》の中で「代々相伝の業」であるところの山鹿流兵学の恢興に専心し得なかった自省と名状し難い口惜しさ、これら渾然《こんぜん》となった嘆きが、行間から聴こえてくるような気がしてならない。

もちろん、松陰の激しい苦悩と動揺の振幅は、ただ漫然と坐していて生まれ出たものではない。江戸に展開されている学風の世界にみずから飛び込んで、のるか反るかの土壇場に立ち至ったのであって、怠惰《たいだ》な状態からは、かかる正念場に到達すべくもない。「方寸錯乱いかんぞや」と書きつける松陰の心情は、痛覚を伴って迫ってくる。無難に難局から身をかわす男ではなかった。多岐にわたる学問に立ち向かったからこそ、自己一身の危機が到来したのだと言っていい。

あえて言えば、「方寸錯乱いかんぞや」という地点にまで至り得ないような脆弱《ぜいじゃく》な精神では、見えてくるべきはずの「発動の機」は訪れるべくもないだろう。松陰は、「方寸錯乱」の土壇場から目をそらさず、見据えるうちに「僕学ぶ所いまだ要領を得ざるか」というところに気づいてくる。

ここに言う「要領」とは、網の目のように込み入る学問百般を巧《たく》みに体系化する学問方法だけを指すのではなかろう。それはやはり、学問の勘所《かんどころ》と呼ぶべきもの、種々の学問を束《たば》ねて活かす求心力のごときものが得たい、ということではなかったか。

五、「丈夫の一諾」に賭けた松陰

さてそこで、松陰はこの危機をどのように乗り越えようとしたか。結びに言うように、「一言を得て而《しこう》してこの心の動揺を定めんと欲す」と願ったのである。混乱の渦の中で、自分の行く末を明白に示してくれる「一言」を得ようと、精神を一点に集中しはじめる。

松陰は、江戸滞在の数か月、幾多の学問の集積をうんざりするほど体験した。だが、そうした刻苦勉励は、みずからを「方寸錯乱」に追い込んだ。知らず識《し》らずのうちに膨大な知識の網の目に取り巻かれて身動きがとれなくなる。これでは駄目だ、という意識を松陰の人間としての本能が目覚めさせる。この瞬間、『西遊日記』にみずから記した序文をはたと思い出したかも知れない。

かくして松陰は、再び、新たなる「発動の機」を求めて立ち上がっていく。その機縁を得たのが、九州遊学の折に知己《ちき》となった宮部鼎蔵であった。

宮部とともに兵学者として露艦がしきりに出没する東北踏査《とうさ》を決意したのである。「自力遊歴」を藩府に願い出て、許可をもらいはしたが、ちょうどその折、これも江戸滞在中

宮部鼎蔵の墓（熊本市黒髪・小峰墓地、筆者撮影）

に知り合った江幡五郎が、盛岡・南部藩の内訌《ないこう》で獄死した兄の仇討《あだうち》のため同行を求めてきた。

そこで三人は、赤穂義士《あこうぎし》討入りの十二月十五日をもって出発の日と約束しあった。ところが松陰は許可は下りたものの、関所通過証である「過書」の交付が国元からいまだ届かなかった。約束の日は目前に迫った。熟慮の末、松陰は過書の到着を待たずに出発すべく決意する。すなわち脱藩であった。

当時、脱藩はまず死罪が相場である。松陰にも藩にとっても一大事件となった。この事件の核心を松陰はみずからこう明かしている。いわく、「余は則ち、みずから誓ひし所を行ふ。国家にそむくを顧みざるには非ず、誠に丈夫《ますらお》の一諾《いちだく》惣《ゆるが》せにすべからざればなり」（嘉永五年一月十七日『東北遊日記』）と。

松陰は、非業の最期を遂げた亡兄の仇敵を討たんとする友人の哀切なまでの真情に深く感じ入っていた。たとえいかなる処罰が待ち受けていようと、この共感による「丈夫の一諾」はゆるがせにできるものではなかった。

このとき松陰は、区々たる一身の罪を思うよりも、むしろ「方寸錯乱」を脱け出していく心の「発動の機」に歓びを見いだした。

顧みると、人生には選択に迷い逡巡《しゅんじゅん》するときが誰しもある。ためらいを激しく覚える事態は必ずや訪れる。しかし、どうであれ、みずからの責任において選択を下していかねばならない。それが「生きる」ということではないか。

松陰は、その選択を「丈夫の一諾」に求めたのである。この強靱《きょうじん》な決断の意志、それは心の動揺をしずめるべく求めてきた「一言」でもあった。この一点に人生を賭《か》けた。

六、日本を学ぶ道への開眼

こうして松陰一行は、相前後してまず水戸に赴いた。水戸藩は、二代藩主水戸光圀《みつくに》以来、このときの藩主水戸斉昭《なりあき》に至る間、藩主を中心に日本の歴史を明らかにする『大日本史』の編纂を継続しており、水戸学と呼ばれる国学の中心地だった。

また当時、わが国に迫りつつあった列強東漸《とうぜん》の波に対して敢然と対峙しようとする姿勢が最も強い藩でもあった。諸国の有志の士にとっては渇望《かつぼう》の地だったと言ってよい。松陰はこの水戸に一か月余り滞在。のちに、ここでの強然な思想体験を次のように回想している。

客冬《きゃくとう》水府に遊ぶや、首《はじ》めて会沢・豊田の諸子に踵《いた》りて、その語る所を聴き、すなはち嘆じていはく、「身皇国に生まれて、皇国の皇国たる所以《ゆえん》を知らざれば、何をもつてか天地に立たん」と。帰るや急に六国史《りっこくし》を取りて之を読む。古聖天子蛮夷《ばんい》を懾服《しょうふく》するの雄略を観《み》る毎《ごと》に、また嘆じていはく、「これ固《まこと》に皇国の皇国たる所以なり」と。

（「来原良三に復する書」嘉永五年六、七月ころ）

「会沢・豊田」というのは、ともに水戸学の中心人物である会沢正志斎《あいざわせいしさい》と豊田彦次郎を指している。水戸学双璧《そうへき》の傑物に見《まみ》えた松陰は、その語る言葉の一言一句に身を乗り出して聴き入ったと思われる。しっかりと傾聴して松陰は重大な示唆を与えられたと思い知った。

それは、「身皇国に生まれて、皇国の皇国たる所以」を知るという大事、すなわち、日本とは何か、日本人とは何者なのか、ということを知る学問である。自分のこれまでの学問には、この大事が欠落していたと翻然《ほんぜん》として悟る。

松陰は、新たな学問の一つとして水戸学を学んだということではもちろんない。そうではなく、水戸学という学風を素材にしながら、日本が日本たる所以であるところの国柄を学ぶ大事こそ学問の勘所、つまり「要領」ではないか、と確信したのである。

「心はもと活きたり」と信じて臨んだ遍歴の旅、そのいや果てに松陰が遭遇したものは、「学問」と「人生」をつなぐ「祖国」への開眼《かいげん》であった。その道程には、感激もあれば錯乱もある、そして、必ずや甦る道もあることを、われわれに語りかけている。

厳冬期富士山の気象観測に挑む

●歴史に刻まれた「男女協同のプロジェクト」●

一、前人未到の難題

ときは明治二十八年に遡る。わが国が国運を賭けた日清戦争に勝利し、歓喜に湧き返った年であることは周知のとおりである。極東アジアの小国と見られていた日本が、欧米列強に一目置かれるようになったのもこのころからであろう。

しかしわが国の近代化は、必ずしも順風満帆《じゅんぷうまんぱん》に推移していたわけではない。いまだ課題は山積し、一進一退を模索していたと言ってよい。なかでも近代気象学の分野は、難題として積み残されていた一つである。

平素の天候はもとより台風予報を可能ならしめることは、わが国の気象の特質からも急務とされていたが、こうした期待に国を挙げて応えるまでには、道はまだ遠しといった状況下にあった。すでに気象庁の前身である東京気象台が明治八年に創設されてはいたが、はかばかしい進展は見られていない。

野中至と妻千代子

何もこれはわが国に限った課題ではなかった。当時の先進国でさえ、気象観測は発展途上にあった。最大の課題は、できる限り高い山頂において、恒常的に観測してデータを収集できるかにかかっていたが、当時の世界でこれに成功していたのは、ほんのわずかの事例しかなく、まして冬山の観測は皆無だったのである。

この前人未到の難題に挑んだのが、野中至《のなかいたる》二十九歳とその妻千代子二十四歳、市井《しせい》に生きる無名のうら若き夫婦にほかならない。この二人は共に博多に生まれ育った。

至は慶応三年に早良郡鳥飼村に生を受けている。代々藩主黒田家に仕えた家系であるが、父野中勝良は明治になると大阪に出て裁判所に勤めた。父親が県外に勤務したので、至は幼少から少年時代を博多の地で祖父閑哉によって育てられている。

かねて勝良は至を医者にしたいとの希望があり、東京赴任とともに呼び寄せ、本郷のドイツ学校、麹町《こうじまち》のドイツ協会学校に進ませた。明治十九年に大学予備門に入ったが、明治二十二年の春に退学する。彼が尾崎紅葉と同じ下宿に住んで交友したのは、このころのことである。

一方、千代子は明治四年九月、那珂郡警固村に能楽師梅津只圓《しえん》の三女として生まれた。実は千代子の母糸子は、至の父勝良の姉にあたるので、千代子は至の従妹《いとこ》という関係にあった。父の梅津只圓については、夢野久作が著した伝記『梅津只圓翁伝』に詳しい。

久作は、玄洋社の頭山満《とうやまみつる》と並び称された国士杉山茂丸の長男であるが、九歳から十七歳までの間、只圓から能楽の手ほどきを受けた異色の弟子の一人であった。

これによれば、近代化の波は能楽の世界にも及び、過酷な環境へ追いやられたようである。梅津家は黒田藩の抱《かか》えとして喜多流《きたりゅう》を相伝して士分に列せられた身であったが、明治を迎えて伝統文化は顧みられなくなり、能楽は衰微のきわみにあった。そうした逆風のなかで喜多流能楽の孤塁を守り続けたのが、梅津只圓である。

その令名は全国に轟《とどろ》いていた。博多の町では、只圓の存在が誇りでもあった。欧化主義勃興の時機であったので環境は厳しく、それは生活にも及んでいたが、日本芸道に生きる者としての構えは微塵《みじん》も崩さなかった。

とりわけ、博多の櫛田神社や光雲神社などの神事能に関しては、みずから主宰して、囃《はや》し方《かた》や狂言方、その他のいっさいの稽古を指導準備し、老齢を意とせず斎戒沐浴《さいかいもくよく》して、まさに武士が戦場に向かう意気込みで臨んだという。

また、只圓はよく博多の那珂川に出かけて網打ちに興ずるのを好んだ。町人たちは、浅瀬に踏ん張って網を投げている只圓を見るたびに、「ああ、まだ只圓先生はお元気そうな」と立ち止まって口々に言いあった。「翁の存在を誇りとして仰いでいた福岡人士の気持ちがよく分かる」と久作は伝えている。千代子はこの父の膝下《しっか》に育った。

二、「わらは御供いたしたく」

もともと厳冬期に富士山頂での気象観測は、野中至単独での計画であった。気象台技師の和田雄治の支援はあったものの、世界に遅れをとっているわが国気象事業の開拓を、一民間人として先駆けようとするもので、国からの全面支援もなければ、まして妻の千代子が助力に登ってくるなど思いも寄らなかった。

気象観測は氷雪に閉ざされつつあった明治二十八年十月一日にはじまるが、この破天荒《はてんこう》な挑戦が新聞で報道されると、国民に多大の関心を呼び、山頂の至を激励しようと慰問隊まで結成されたほどである。

観測を開始して二週間後、新聞記者も交えた慰問隊が山頂を訪れ、両親にあてた至の手紙を持ち帰っているが、この手紙が新聞に掲載されると、人々は仰天した。なんと文面には、妻の千代子が強力《ごうりき》三名を率いて登ってきて、共に観測をはじめることになったと、しるされていたからである。

彼女は至の計画を知ったときから、行を共にしたい希望をもらしてはいたが、至のみならず周囲にもきつく止められ諦めていたはずだった。しかるに、プロの男たちでさえ怖《お》じけづく冬季の富士山に千代子が登った背景は何であったのか。

彼女が秘めてきた決意を明らかにするのは、御殿場に

明治期における富士山頂での観測風景

滞在して至の登山準備を手伝い、いよいよ至と別れて二歳の娘とともに東京に戻ることになったときのことである。東京には至の両親がいて同居していた。

千代子は御殿場の駅で汽車を待つ間、東京の姑とみ子にあてて手紙を書く。文面はこうであった。

> 到（至）様御事、このたびいよいよお登り遊ばし、今後八、九か月の間、御一人にて明け暮れ煮炊《にた》きの業までも御世話遊ばすやらにては、日ごろいかにすこやかとは申しながら、万一の事ともおはし候はば、これまでの御心尽し相砕け、御痛《おいた》はしふ候へば、是非にわらは、御供《おとも》いたしたく、とにもかくにも安閑《あんかん》と致し居《お》るべきときには候はず。……今度の私の振舞、御方々、わきて到様より幾程の御しかりを受け候とも、この事ばかりは思ひとどまりかね、ふみ切り、下県致し候。

至の悲願をなんとしても成就させたい、万事を独力でしなければならない状況下、何事かあればさぞ無念であろう。こう思い至ったとき彼女の決断は下った。「是非にわらは、御供いたしたく」という決意の言葉に並々ならぬ決意と覚悟が偲ばれる。

誰でもいい、誰かの志に触れて、その信頼する人のあとを追いたいと願う。人はそのようにして人生を決断することがある。それもまた立派な「こころざし」であろう。

こうして手紙を投函した彼女は、東京には戻らず博多の実家に向かった。『芙蓉《ふよう》日記』によれば、帰省した彼女から本懐を聞いた父只圓は、「そは勇ましき事にこそ。なべて婦の道として命にかけて良人《おっと》を助けん事昔の聖《ひじり》の教《おしえ》ぞかし」と激励したという。只圓は、誰からも理解されなかった娘の壮図《そうと》を激励した最初の人である。

博多滞在中の千代子は、背振山その他を踏破して足腰の鍛錬に打ち込んでいる。そして実家の両親に娘をあずけ、万端の準備を整えて、再び御殿場に戻った。

三、明治女性の真骨頂

ところで気象台技師の和田雄治は、人を介して夫の後について登ろうなど夢思わないように千代子を戒《いまし》めた一人であった。和田にしてみれば、足手まといになるどころか、至の偉業を損なう仕儀《しぎ》ともなりかねないと考えていたからである。この忠告には、女など出る幕ではないというニュアンスが込められていた。

そうした和田に対して千代子は、これから取ろうとする行為の真意を伝えておく必要を覚えていた。夫が師とも頼む和田だけには、理解されなくとも言うべきことは伝えておきたかったのである。出立《しゅったつ》する十月八日、御殿場駅から次のような手紙を投函している。

同人（至）も常々はいたって達者には御座候へども、このたび一人にては何分気づかはしく存候に付きかねて同行頼みおき候へども同人はいっさい取用ひ申さず、去りながら万一病のために本望を遂げかね候事も候はじ、事の関係容易ならず候に付き強《しい》て登山致候事に決心致し候。

このたびの自分の行動は至が許可したのでもなければ、まして至から求めたのでもない。私一人の決断なのだというのである。今回の挙に至は何ら関与していないのだと言いたかったのであろう。責任はひとえに私にあると言外に含めている。さらに、やんわりとではあるが、きっぱりとこう綴っている。

私登山の事見合はせるやう御申聞のほどは忝《かたじけな》く存候へども、何分余儀無《よぎな》き義理《ぎり》にからまれ候事柄も御座候ゆえ思ひ立たる事のやみがたく、内にて家を守るは女の道と申す事は重々存じながら登山致し候事、さしでがましくとの世のそしりは逃れ申さず候へども、どの道不孝不慈のとがは免れ申さずと覚悟致候。

尚御願申上度はもし気象学会に婦人の入会御差ゆるし下され間敷《まじく》やとにかく会費相添へ御願ひ申上候。

女の身でありながら登山するなど、「さしでがましいこと」との非難は覚悟のうえであると言い放つ。なおかつ気象関係者でもない自分の身に不都合があるのなら、気象学会の一員に加えてもらいたいと申し出ている。かくまで千代子は念には念を入れた。もはや和田といえども、彼女の「こころざし」に返す言葉がなかったに違いない。

御殿場では土地の強力《ごうりき》を説得して、かねての計画どおり富士山頂をめざすことになった。一人でここまでの用意周到な計画をすすめた彼女の段取りには驚かざるを得ない。まさしく、明治女性の真骨頂《しんこっちょう》を見る思いである。

四、苦境の山頂で祝う天長節

しかしながら、山頂では過酷な観測生活を強いられた。険しい寒風にさらされ、二時間おきに気温、風速などを観測しては記録する作業を、昼夜交替して続ける。ついには肝心の観測機器も凍りついて破損し、温度計のほかは大半が使用不能に陥った。そのうえ二人はあいついで凍傷や高山病にかかってしまう。

そうした事態のなか、十一月三日を迎えたときのこと、二人は気を取り直して立ち上がる。時あたかも天長節、明治天皇の御誕生日を迎えていた。このときのようすが『芙蓉日記』に記されている。

今日は霜月三日ぞかし。げに人里もなきこの山さへさすがに御国の祝日とて、常には似もやらで冬空ながら四方の景色心もおのづから長閑けくぞ覚ゆる。……いざとく朝きよめして祝のもの調《ととの》へ大御代を寿《ことほ》き奉《たてまつ》らんとて、ささやかなる鍋に餅米うるほしたるを炊ぎ、やがて吹竹もて搗《つ》きなどしつ。……良人は御国旗を取り出給ひて、

けふこそは御代の祝ひの時なれやいざ御旗をば打ち揚げぬべし

屋のむねと同じ高さなる後手の風力台のもとこそ名に負ふ日の本《ひのもと》第一の高き処とは見えし。今身は天上にありとてもいでや寿き奉らんとて、窓の戸こじ放ちていざりいで、やがて風力台のもとに御旗打揚げんとするに烈しき風は情なくもあはや吹き去らんとして手を放す事だに叶はず。

今は力なしとて懐に巻き入れ、唯二人ここに跪《ひざまず》き東に向ひて御所を拝し奉り、扨《さて》もかかる高き所より下伏して拝む事のかしこさ許させ奉へと祈りつつ、今しも東西におはす父母にもかれと、あなたこなたの天を見るが内に、早風一叢の雲を誘ひ来て今まで烈しかりつる風は弥増しに強く、蹴立つる吹雪はつぶてを投打つがごとく、いやがうえに重なれる巖の頂きを掠《かす》めて飛び来る雪と共に岩根をゆすり、乱るる吹雪は時ならぬ落花となりて、轟《とどろ》く音喩《たと》へん方なし。

天長節を寿ごうとして気力を振りしぼり、再び観測に挑《いど》もうとする二人の真摯さ、そしてその二人に襲いくる山頂のすさまじさがさながらに叙述されている。おそらく二人が最も苦しかったときに違いない。その苦境にあって富士山頂から天長節を祝い、二人の両親に思いを寄せ、再挙に立ち上がろうとした。

かくて二人は、氷雪に閉ざされた小屋の中で重体に陥りながらも観測を継続した。

五、男女協同の壮挙

危殆《きたい》に瀕した夫妻を発見したのは、山頂を訪れた有志の慰問隊であった。ただちに救援隊が組織され、十二月二十二日、山頂に向かった。二人は、命がけで救いにきた和田雄治にとりすがって、もうしばらく観測を続けさせてほしいと泣いて懇願《こんがん》したという。救援隊が二人を背負って下山していくようすは、十二月二十六日付の『時事新報』に詳しい。

一つだけ紹介しておこう。

救援隊チームにいた勝又熊蔵は、その剛胆《ごうたん》ぶりから「鬼熊」と異名《いみょう》を持つ有名な荒ぶる強力《ごうりき》であった。その鬼熊が、年若い二人の凄《すさ》まじいまでの使命感に触れ、あたりかまわず号泣《ごうきゅう》した。

この鬼熊は至を背負って下山するが、その途次、至は人事不省に陥るも、手を尽くして蘇生《そせい》した。鬼熊は背中の至に向かって「熊が付き居れば野中は殺さぬ」と呼びかけて急坂を下って行ったと、『時事新報』は伝えている。

彼らの胸には、野中至と千代子の二人はわが国の宝との思いが等しく湧いていたことであろう。だからこそ、みずからの生命に代えても助けようとして氷雪の富士を下っていった。そして守り抜いた。

あれほど千代子の登山に反対した和田は、雑誌『太陽』に手記を発表し、

「令閨《れいけい》千代子は良人の傍にありて炊事管房に伝侍し夫妻協同して学事に努力す。これ本邦前代未聞《ぜんだいみもん》の美挙にして野中夫妻の栄誉は謂《い》ふまでもなく皇国の光輝も為《ため》に倍々《ますます》宇内に照耀《しょうよう》するを得ん」

と書いて讃辞をおくっている。

すなわち、千代子が果たした役割について、単に至の身の回りの世話だけではなく、「夫妻協同して学事に努力す」とたたえて世に知らしめたのである。

その後も、夫妻は本格的な観測所の設立を求めてさまざまな活動を行い、再挙を期したが、大正十二年、千代子は家族全員が流感にかかったとき、みずから病をおして家族の看病に当たり、皆が快方に向かいはじめたのを見届けて力尽きた。享年《きょうねん》五十二歳であった。

かつて野中至の偉業は、落合直文や橋本英吉などによって小説の形で取り上げられ、その作品は一世を風靡《ふうび》した。しかるに至本人は大して喜ばず、なにゆえか不満気のようすだったという。

その理由は、後年、夫妻の長男野中厚が新田次郎に明かした述懐に歴然としている。いわく、「母の生存中のことでした。父に褒章の話がありました。……父はもしくださるならば、千代子とともに戴きたい。あの仕事は、私一人でやったのではなく千代子と二人でやったものですと言って、結局、その栄誉は受けずに終わったことがありました」。

これは小説についても同様であったろう。落合や橋本の作品は、千代子も登場はするが、いわば至の偉業に花を添える夫婦愛として位置づけられている。

いやいや違うのだ、山頂で観測しはじめてからは、むしろ千代子に鼓舞《こぶ》されてあの難事業は進められたのだ、至はそう思っていたはずである。富士山気象観測の壮挙は、千代子を得て実現したのだ。なぜそれが分からないのかというもどかしい思いがあったに違いない。

夫婦愛はもとよりだが、そこだけに限るのではなく、男女が協同してパブリックな課題に向かって渾身の力を傾注した史実に目を向けよ、ということにほかなるまい。厳冬期富士山の気象観測の歴史は、この男女協同の壮挙を嚆矢《こうし》とする。

筆者が東京都内の護国寺境内奥にある夫妻の墓を訪れたのは、平成十二年九月のことである。傍には山頂で寄り添う二人のレリーフが建っている。

墓の傍に建つ夫婦のレリーフ（東京都・護国寺。筆者撮影）

「稲むらの火」再考

●濱口梧陵と勝海舟●

一、勝海舟が撰述した顕彰碑

濱口梧陵
（1820-1885）

ときは幕末安政元年（一八五四年）末のこと、紀伊半島沖を震源地とする「安政南海地震」が発生した。このときのマグニチュードは八・二と推定されているが、紀伊半島西岸は地震そのものよりも津波による被害が甚大だったという。

このとき、紀伊和歌山藩の有田郡広村では、当地在住の濱口《はまぐち》梧陵《ごりょう》（七代目儀兵衛）が住民救援のために死力を尽くして奔走。その崇高な行為は感動を呼び、のちラフカディオ・ハーンこと、小泉

海舟撰の顕彰碑（大正９年ころ）

勝　海舟
（1823-1899）

八雲が著した「生神様」を通じて広く紹介され、また戦前の小学国語読本に「稲《いな》むらの火」と題して取り上げられている。

ただし、濱口梧陵は庄屋ではなく、当時三十五歳の醤油《しょうゆ》製造（現在のヤマサ醤油）を営む名家の主人であった。

ところで筆者がここで取り上げたいのは、小学国語読本に五兵衛としてその名をとどめた梧陵とはいかなる人物だったかという点である。濱口梧陵を最初に取り上げたのは、小泉八雲でもなければ小学国語読本でもない。実は勝海舟なのである。

海舟は、その出会いの経緯を『氷川清話《ひかわせいわ》』でこう語っている。

長崎へ行く前におれが渋田と別れるときに、

渋田は、万一私が死んで貴下の頼りになる人がなくなつてはといつて二、三人の人を紹介してくれたが、その一人は嘉納治右衛門、……それから今一人は日本橋の濱口、国会議員をしている濱口の本家であつた。すべてこれらの人々はそれぞれ一種の人物で、さすがは渋田の眼識は高いものだとおれは後で覚《さと》つた。

「今一人は日本橋の濱口……」が濱口梧陵を指しているのは言うまでもない。梧陵が海舟に深く信頼された人物であったことが分かろう。梧陵が三歳年上だが、同時代を生きた盟友であった。

両者の交友については後述するが、梧陵が亡くなったのち、和歌山県広村にある広八幡神社の境内奥に海舟の筆になる顕彰碑が建立された。この碑文の一端に梧陵の人となりが彷彿《ほうふつ》とうかがわれる。碑文はかなりの長文だが、その書き出しはこのようなものである。

濱口成則、字《あざな》は公輿。俗称は儀兵衛。梧陵は号なり。和歌山県紀州在田郡広村の産。……群書を博渉し、喜んで徂徠学《そらいがく》を修む。つとに大志を抱き、広く四方の知名の士と交《まじ》はる。

二、海外雄飛の夢とその挫折

海舟によれば、若かりしころの梧陵は学問を好み知名の士と交わり、とくに海外雄飛の壮図を企てるも果たし得なかったという。

嘉永六年（一八五三年）、ペリーが来航したとき、梧陵は郷里の紀州から江戸に到着したばかりだった。元来、攘夷思想の持ち主だった梧陵は、紀州では崇義団と名づけた団体を組織して外来からの圧力に対抗しようとしたが、このときを機に一大転換を図っている。

このころの梧陵に関して興味深い挿話がある。彼の開国思想の影響を受けた人物に幕府の外国方に勤める田邊蓮舟がいた。田邊は他の若手役人とともに、老中の小笠原壱岐守に招かれて、たびたび意見を聞かれていたという。

あるとき、異国船対策の話題となり、田邊は梧陵の言を借りて開国論を熱っぽく論じた。すると、小笠原はたしなめるどころか、賛意を示して興味を抱いた。そこで田邊は、自分の主張は友人濱口梧陵の受け売りだと告白したところ、小笠原はぜひ引き合わせるように依頼したという。

これを契機に、梧陵は小笠原にたびたび呼ばれて意見を聞かれるようになるが、一商人の身でありながら老中との間にこうした知遇を得ていることからも、どれほどの逸材であったかが知られよう。

西洋文明を摂取して国内を充実すべく梧陵が構想したのは海外視察であった。これに賛同した蓮舟は、密かに幕府内部で梧陵の海外渡航許可に関する運動を試みたという。

当時、海外雄飛を試みた吉田松陰は罪を問われたが、梧陵の場合はとがめを受けることなく、なんと幕府の許可が下りなかったのち蓮舟から「むしろ密航したらどうか。貴下は金があるからそうなさい」と勧められている。

このとき、蓮舟の回想談によると、梧陵は「密航は否だ、せっかく外国へ行つても公然と名を出す事も出来ず、帰つて来ても堂々と話す事が出来ないでは、はなはだ面白くない」と語って、頑として受け付けなかったという。

こそこそ密航するのではなく、正々堂々と渡海したいという梧陵の剛胆《ごうたん》ぶりもさすがではあるが、幕府官僚が密航を勧めていたとは驚きである。幕府官僚にそこまで言わしめた梧陵の海外プランはどのようなものであったか知りたいものだが、残念ながら詳細な記録は残されていない。

後日談を一つ紹介しておこう。実は梧陵の無念を親友勝海舟は忘れてはいなかった。万延元年（一八六〇年）、咸臨丸《かんりんまる》を指揮して米国に赴く際に、紀州に梧陵を訪ねて同行を要請している。梧陵の宿願を遂げさせたいとの思いと、彼ほどの逸材と力を合わせて列強に対したいと願っていたからにほかなるまい。

仔細は不明だが、梧陵は諸事多端の事情にあったようで、海舟と行を供にすることは適《かな》わなかった。

三、地域教育に賭ける

こののち梧陵は、海舟が「ここにおいて慨然《がいぜん》として袂《たもと》を投じ、郷里に還り、子弟の教養をもって事となす」と伝えているとおり、紀伊広村に帰参する。

しかし、海外雄飛の夢は破れたものの、梧陵の志は屈していない。次に打った手は、青年子弟の教育であった。ときは安政元年のこと、文武両道をモットーに稽古場を創設して後進の指導に精力的に取り組んでいる。

とりわけ学問教授に際しては、当時蘭学界の重鎮であった緒方洪庵《おがたこうあん》に優秀な教師を手配してくれるよう依頼している。これに対して緒方は早速、小野石斎なる学者などを推挙した。こうして、梧陵が創設した稽古場は活気づき、遠方の人々にまで知られるところとなった。

翌安政二年には、国防の急務に備えて農家の壮丁《そうてい》（兵役に召集された者）に調練を施すことを目的に「浦組」なる組織まで編成している。そのために佐久間象山からゲベル銃を購入し、夜間、梧陵みずから指揮して演習に当たった。風雲急を告げる国情を知るにつれ、炯眼《けいがん》の梧陵は地方の国防意識の涵養が必須の時代と見たからである。しかもこれらの諸活動は、富裕な商人の道楽のようなものではなかった。

そもそも暇などあろうはずがなかった。梧陵は、嘉永六年（一八五三年）に千葉の濱口本家の家督を継いだばかりだった。しかも、江戸の持店が安政元年の江戸大地震、続く安政三年の江戸大風水害で甚大な損害を蒙《こうむ》り、その再建に東奔西走する渦中にいたのである。

さらに、「稲むらの火」に取り上げられたごとく、安政元年末には広村に津波が襲来し、潰滅《かいめつ》状況にあった村の復興に懸命の指揮をとっていた時期なのであった。

当時三十代半ばの梧陵は、艱難辛苦《かんなんしんく》を背負いながらもこれをみごとにさばき、そのうえに地方の青年や農家の壮丁らを対象とする学問や国防のための調練の必要に着眼し、新たなる策を講じていた矢先である。

なお、稽古場はのち「耐久社《たいきゅうしゃ》」と改名し、さらなる発展を示し、明治以降はこの地方の中核的な教育機関として位置づけられ、今日、和歌山県立耐久高等学校、広川町立耐久中学校として継承されている。

耐久中学校グランド内に建つ梧陵の銅像

四、「稲むらの火」の真実

ところで、梧陵の業績として世に名高い「稲むらの火」に関して、意外に知られていない史実を紹介しておこう。

舞台となった和歌山県は、西側が紀伊水道と太平洋に面し、南海トラフという海溝《かいこう》が走っていることから、地震や津波の被害を受けやすい地域であった。「稲むらの火」では、五兵衛の機転で皆救われたような扱いであるが、実際は三十六名の死者を出している。戸数三百三十九軒のうち家屋流出百二十五軒、全・半壊家屋五十六軒におよぶ被害だった。

梧陵の手記「安政元年海嘯《かいしょう》の実況」によれば、嘉永七年（十一月二十七日より寛政）寅十一月四ツどき（午前十時）に地震は発生した。梧陵はただちに行動を起こした。

伝へ聞く、大震の後往々海嘯の襲ひ来るありと。よつて村民一統を警戒し、家財の大半を高所に運ばせ、老幼婦女を氏神八幡境内に立ち退《の》かしめ、……盗難火災を戒めんがため、強壮の者三十余名を三分し、終夜村内あるいは海辺を巡視せしめ、かつ立ち退きの老幼婦女に粥《かゆ》を分与し、わずかに一夜の糧《かて》に充《あ》てしむ。

住民を避難させたのは広八幡神社の境内であった。翌五日は危機は去ったと判断して全員自宅に戻ったが、安堵《あんど》したのも束の間、午後に至って再び異変が起こった。

その激烈なる事前日の比にあらず。瓦飛び、壁崩れ、塀倒れ、塵烟《じんえん》空をおおう。遙《はるか》に西南の天を望めば黒白の妖雲片片たるの間、金光を吐《は》き、あたかも異類の者飛行するかと疑はる。……ここにおいて心密《ひそ》かに唯我独尊《ゆいがどくそん》の覚悟を定め、壮者を励まし、逃げ後るるものを扶け、與《ため》に難を避けしむる一刹那《せつな》、……瞬時にして潮流半身を没し、かつ沈みかつ浮び、辛うじて一丘陵に漂着……。

このように、梧陵は津波の濁流に呑まれながらも先頭に立って住民救助に奮闘し、ほどなく日没を迎えた。多くは再び境内に身を寄せたものの、行方不明の者もいた。梧陵は闇をついて再び救援活動に立ち向かっている。

ここにおいて松木を焚《た》き壮者十余人にこれを持たしめ、田野の往路を下り、流家の梁柱《はりはしら》散乱の中を越え、……なお進まんとするに流材道を塞《ふさ》ぎ、歩行自由ならず。したがって従者に退却を命じ、路傍《ろぼう》の稲村に火を放たしむるもの十余、もって漂流者にその身を寄せ安全を得るの地を表示す。

火を放ったのは平地の稲むらであった。それは、漆黒《しっこく》の闇の中に逃げ惑う者を安全な場所へ誘導する目印とするためにほかならない。この稲むらの火のおかげで九名の命が救われている。

こうした梧陵の判断はみごとなものだが、その半生に見られる「公」に貢献する人生体験があったからこそ、危機に直面して的確な判断を下すことが可能となったのではないか。そうとしか言いようがない鮮やかさである。

五、海嘯後の地域再建に挑む

さらに梧陵の業績に圧倒されるのは、津波襲来の後に彼が取った行動である。梧陵が憂慮したのは、心身ともに疲弊《ひへい》した村人千四百名の今後の生活であった。中には生活のめどが立たず離村を口にする者も出はじめていた。

そこで、まず近くの庄屋に懇願して年貢米五十石を借り受け、みずからも玄米二百俵を拠出した。また私費を投じて漁船や農具を買い与えたり、家屋修復の援助金を出したばかりか、五十軒の家屋を新築して提供した。

しかし、ここに二つの難題が浮上した。一つは、住民の間に津波襲来の可能性の高いこの地では暮らせないと考える者が出てきたこと。二つには被災者への援助が逆に依存心を植えつけ、住民の自立心を削《そ》ぐことになりはしないかという懸念《けねん》である。

危機管理とは、非常事態さえしのげばよいというものではない。それでは画竜点睛《がりょうてんせい》を欠く。その後に必ずや訪れるであろう「絶望感」に対して手が講じられてこそ危機管理は評価さるべきものだろう。梧陵の念頭に去来していたのは、その一点であった。かくて、この二つの難題の解決策として彼が着想したのが本格的な防波堤築造である。

工事許可を願い出た「内存奉申上口上」には、以前から設けられていた石垣の背後に、高さ五メートル、根幅十七メートル、天幅三メートル、全長にして六百五十メートルに及ぶ一大防波堤を築くプランが示されている。工事に要する資金は私費でまかなう旨を申し出ている。藩の支出を待っていたらいつになるやも知れず、すぐにも取りかかるためには経費を持つしかないと決断した。

現在に残る防波堤跡（中央は筆者）

梧陵の目論見の第一は、この年貢の重い上田《じょうでん》を防波堤によって埋めることで、住民を圧迫していた重税を軽減させるというものであった。さらに、工事に村人を雇用すれば、生活に困窮する彼らに収入を得さしめることができる。これは梧陵が最も考慮した点だった。

実際に安政二年二月からの工期に入ると、職を失った村人四、五百名が働き、しかも賃金は日当で支払ったので大層喜ばれたという。安政五年十二月に工事は竣工し、四年近くの間に延べ五万六千七百三十六名の村人が従事した。

築造された防波堤が効果を発揮したのは、大正十二年（一九二三年）に高波が襲来したときである。波浪は、旧石垣は越えても新たな防波堤の前で押し返された。また昭和二十一年（一九四六年）の津波の際も若干の浸水程度で済んでいる。

六、維新後の消息

以上見たように、かくまで目覚ましい活躍を見せる梧陵を、要路の人々が注目しないはずがなかった。明治元年（一八六八年）には紀州藩の藩政改革に際し、請われて勘定奉行に就任、翌々年には大参事に任命されている。このころ、家業を嗣子《しし》幸三郎に譲ったのも、公務優先を考えてのことだろう。

彼の名声は中央にも届いた。明治四年には東京藩庁詰となって間もなく、明治新政府からの求めで駅逓正、次いで駅逓頭（郵政大臣）に抜擢され、近代郵便制度の創設に尽くす機会を得ている。

わが国の郵便制度の創始者は前島密《ひそか》というのが通説だが、明治三十五年六月二十三日付の『東京朝日新聞』は、「郵政創始者は誰か」と題する特集を組み、当時の経緯をよく知る山本弘の証言を掲載して疑義を呈した。

明治四年大蔵省に駅逓正なる職の初めて置かれしときに、最初の職に就きたるものは濱口翁なり。余は翁と交際したるが、……濱口氏が駅逓正たりしときに、その下に前島氏が権正として働かれたるを記憶す。されば郵便創始の名誉は前島氏の専有に帰すべからず。

このように郵便制度の創設には梧陵がリーダーとして関与していた。前島はその下で働いた人物である。したがって前島の功績は当然としても、山本が言うとおりその基礎を創った人を忘れるべきではなかろう。

駅逓頭を辞任した梧陵は帰郷したが、明治十三年には和歌山県議会初代議長に就任し、地方政治に手腕を振るった。さらに国会開設の詔《みことのり》が下るや、木国同友会を組織して立憲政治に備えるという用意周到な動きも見せている。

彼の消息を丹念に追っていくと、その情熱や生き方は、維新の以前も以後もいっこうに変わらない。その視線は「公」に向けてぴたりと注がれていたというべきか。

梧陵が若き日から抱いていた海外視察を実現するのは明治十七年（一八八四年）のことであった。このとき海舟は秘蔵する雑賀孫市の槍の穂先をはなむけに贈っている。しかるに翌年、梧陵は腸ガンのためにニューヨークのセント・ビンセント病院で客死する。享年六十六歳、波瀾万丈の生涯であった。

「稲むらの火」は、今日でもわれわれの胸を打つ名作である。他方、五兵衛こと濱口梧陵の実際の人生も、今を生きるわれわれに鮮烈な感銘を与えてやまない。

この人を見よ

●佐久間勉と第六号潜水艇事故の顚末●

一、与謝野晶子が捧げた挽歌

平成九年（一九九七年）に大ヒットしたジェームズ・キャメロン監督の映画「タイタニック」は、いまだ記憶に新しい。話題をさらったレオナルド・ディカプリオとケイト・ウィンスレットが演じるラブストーリーはフィクションだが、豪華客船「タイタニック号」の沈没事故はもちろん、実際に起こった悲劇である。

一九一二年（明治四十五年）四月十日、タイタニック号は二千二百二十三人を乗せてイギリスのサウサンプトンからニューヨークへ向かう洋上で氷山に接触し、ニューファンドランド沖の海底に沈んだ。厳密に言うと、氷山に衝突したのは十四日深夜で、沈没したとき時計の針はすでに十五日を指していた。

衝撃の報道が世界を駆けめぐった。爾来、たびたび語り伝えられて幾度か映画化もされた。ちなみに、この船には日本人が一人乗船していた。鉄道院副参事の細野正文である。彼はからくも救命ボートに救われて生還している。

ところで、近代史には、造船技術の発達とともに海難事故も頻発した。わが国においても然《しか》りである。実は、タイタニックの悲劇からちょうど丸二年前の明治四十三年（一九一〇年）のことであった。日時も同じく四月十五日、広島沖で沈没事故が発生した。

海軍所属の第六号潜水艇《せんすいてい》が訓練中に故障し、水面に浮上できず、海底に沈んだのである。指揮官の艇長は佐久間《さくま》勉《つとむ》大尉で、ほかに十三名の艇員がおり、計十四名が乗り組んでいたが、艇内に閉じこめられたままで生還は不可能だった。全員が死亡した。

佐久間　勉（1879-1910）

こうした潜水艇の事故は、当時諸外国でも発生していたが、事故直後にこれほど国の内外に反響を呼んだケースはない。例えば、与謝野晶《よさのあき》子《こ》は次のような連作和歌を詠《よ》んで死去した十四名の御霊《みたま》に捧げている。

佐久間大尉を傷《いた》む歌

ひんがしの国のならひに死ぬことを誉《ほ》むるは悲し誉めざれば悪し
勇ましき佐久間大尉とその部下は海国の子にたがはずて死ぬ
瓦斯《ガス》に酔ひ息ぐるしとも記しおく沈みし艇の司令塔にて
大君《おおきみ》の潜航艇をかなしみぬ十尋《とひろ》の底の臨終にもなほ
武夫《もののふ》のこころ放たず海底の船にありても事とりて死ぬ
海底の水の明りに認めし永き別れのますら男の文
水漬きつつ電燈きえぬ真黒なる十尋の底の海の冷たさ
海底に死は今せまる夜の零時船の武夫ころも湿ふ
大君の御名は呼べどもあな苦し沈みし船に悪しき瓦斯吸ふ
いたましき艇長の文ますら男のむくろ載せたる船あがりきぬ
やごとなき大和だましひある人は夜の海底に書置《かきおき》を書く
海に入り帰りこぬ人十四人いまも悲しき武夫の道

与謝野晶子といえば、「反戦詩人」というのが通り相場である。しかし、そういう視点にだけこだわって晶子を捉えようとすると、彼女が痛切な思いを込めたこの「佐久間大尉を傷む歌」を見逃してしまう。いな、見逃していいと思ってしまう。こうして人や人の苦闘の人生を見誤る弊《へい》に陥る。歴史はイデオロギーや観念で見るべきではない。自戒したいところである。

二、「やごとなき大和だましひある人」

与謝野晶子

なにゆえ、晶子は十二首に及ぶほどの挽歌《ばんか》を献じたのか。かくまで彼女の心を揺さぶったのは、いったい何だったのか。じつは筆者が、この史実を取り上げるゆえんもそこにある。

彼女は、佐久間大尉を指して「やごとなき大和だましいある人」（十一首目）と詠《うた》っている。それは何も、もはやこれまでと覚悟して潔《いさぎよ》く海底に散ったというような実感もリアリティもない「死に方」

を指すのではない。

　では、晶子の歌には、どのような死に方だったかが表れているだろうか。じつは、佐久間は海底で「書置」（十一首目）を書いたとある。それはどんなものだったのか、これらの和歌だけでは具体的な中身は知るよしもないが、海底で書き綴ったようすだけは数首の歌から読み取れる。

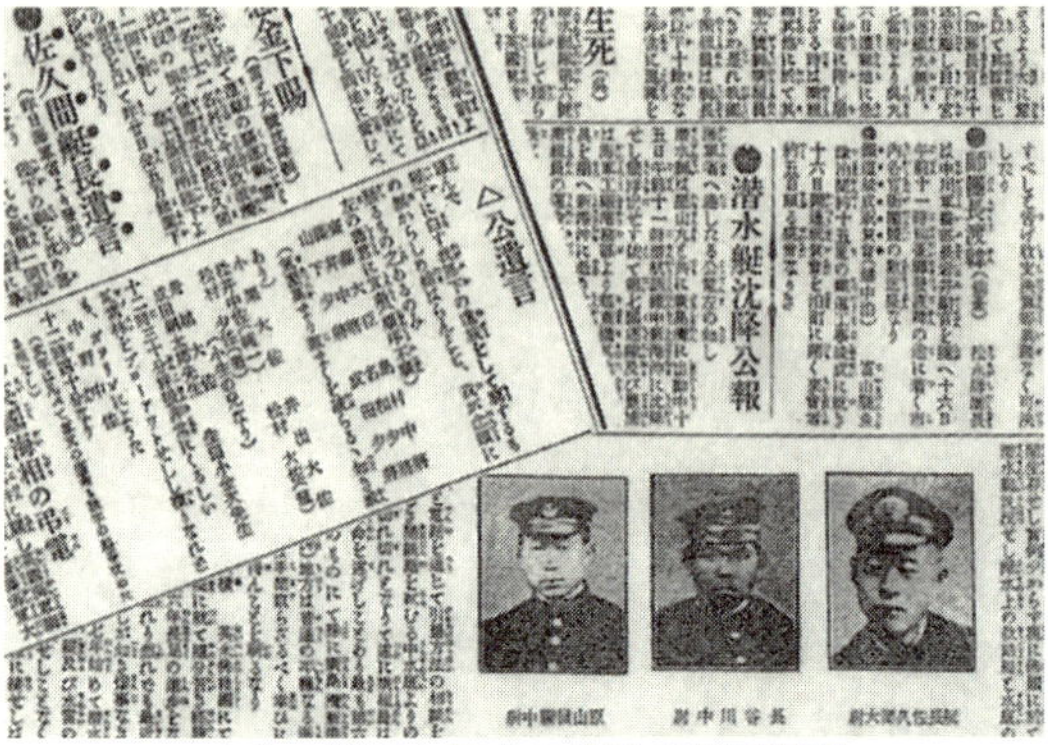
潜水艇沈降公報
△公遺言
佐久間艇長遺言
艇長佐久間大尉　長谷川中尉　原山機関中尉

事故の詳細を伝える当時の新聞記事

　まず三首目の歌を見てみよう。佐久間は艇内に充満したガスに苦しみながらも司令塔を離れずに何かを書き記していたということである。ついで六首目を読むと、電気系統が途絶《とぜつ》したのであろう、辛《かろ》うじて艇の窓から洩《も》れてくる「水の明かり」で、遺書《いしょ》めいたものを綴っていた事実が浮かび上がってくる。

　一連の歌から、これ以上の解明には無理がある。しかし、いずれにしても晶子の連作に見られる佐久間の具体的行動が、この「書置」にあったことだけは間違いない。感動の中心も、そこにあると言ってよかろう。その行為に打たれて晶子は「やごとなき大和だましいある人」と詠いあげたのである。

晶子もそうだが、当時の人々は新聞報道でこの事故の詳細を知った。晶子も人々も、そして世界の人々も感涙にむせんだ。晶子が挽歌を詠むほどの衝撃を受けたのは、四月二十一日付『東京朝日新聞』の記事である。この記事で世間の人々は、遺骸《いがい》から「書置」とおぼしき手帳が発見されたことを知ったのである。

記事は、事故の詳細を発表した海軍省高級副官井出謙治大佐の談話を載せたものだが、井出はこの中で初めて「書置」について言及している。

……その死期迫るもなお従容《しょうよう》として事にあたりたり。殊に佐久間艇長が十二時四十分、呼吸困難を覚ゆるに至るまで、部下を指揮するとともにその顚末《てんまつ》を記録に止め、刻々に迫る致死期にありて皇国の前途を思ひ、潜水艇研究上に貢献せんと欲したる忠烈なる精神に至っては、これを広瀬中佐に比すべく、真に鬼神を泣かしむるものあり。ああわが海軍は高価なる犠牲を払いたりといえども、艇長が残せる有益なる記録は、その崇高なる精神とともに永久にわが海軍の隆運《りゅううん》に資せらるべきをもって、艇長も

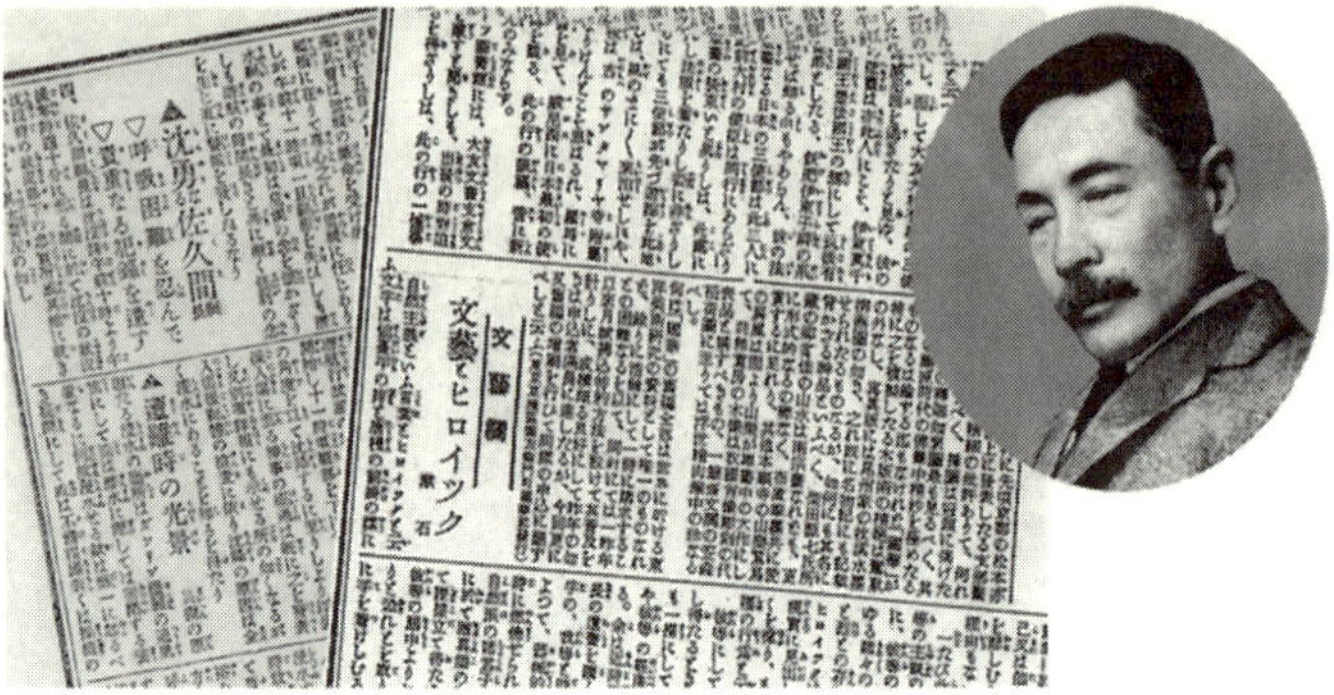

漱石（右）と「文芸とヒロイック」の記事

またもって瞑《めい》すべきなり、と。暗涙《あんるい》を呑みつつようやく語り終りて声をおさめ、愁然《しゅうぜん》として悲痛に堪えざるもののごとし。

かくて真相のあらましが判明した。佐久間は酸素が欠乏して絶命する寸前まで、部下を指揮して、共に艇の機能回復に渾身の力を傾け、さらには沈没の原因や取った対応の顚末を、後世のために記録を取り続けていたのである。

これだけでは明確ではないが、十三名の部下も佐久間の指示を受けて最善の手立てをとっていたと推測することは可能である。また、実際に書き続けた記録の生々しい写真版も公開された。これに晶子は圧倒され、十二首の挽歌を捧げるに至ったのである。

夏目《なつめ》漱石《そうせき》も同じだった。当時、漱石は体調をくずして麹町《こうじ》内幸町の長與《ながよ》胃腸病院に入院していた。彼が新聞記事を読んだのはその病床だった。読んで感銘したのは間違いないところである。死に臨んでなおかつ職分を全うした「やごとなき大和だましいある人」は、近代的知性に洗練された傑物たちの内面をも揺り動かした。

三、漱石は何を感じ取ったのか

では、近代的知性の先駆者漱石が、この事故から感じ取ったのは何だったのか。そのいきさつを「文芸とヒロイック」に書いた。漱石はこう述べている。

往事英国の潜航艇に同様不幸の事のあつた時、艇員は争つて死を免《よぬか》れんとするの一念から、一所にかたまつて水明りの洩れる窓の下に折り重つたまゝ、死んでゐたといふ。本能のいかに義務心より強いかを証明するに足るべき有力な出来事である。本能の権威のみを説かんとする自然派の小説家はこゝに好個《こうこ》の材料を見いだすことであらう。さうしてある手腕家によつて、この一事から傑出した文学を作り上げる事が出来るだらう。けれども現実はこれだけである。その他は嘘であると主張する自然派の作家は、一方において佐久間艇長とその部下の死と、艇長の遺書を見る必要がある。さうして重荷を担ふて遠きを行く獣類と選ぶ所なき現代的の人間にも、またこの種の不可思議の行為があるといふ事を知る必要がある。

漱石が触れているイギリスの事故は、当時発生したA五号の油ガス爆発による沈没、A八号の水上航走中の沈没、A一号の潜行中における汽船との衝突、C一七号の濃霧中の衝突事故などを指すものと思われる。これらの事故では艇内の遭難者は苦しみ争ったまま発見されたと伝えられている。フランスやアメリカで発生した事故も同様だった。

酸素を求めて窓の下に折り重なって死んでいたのも当然の「本能」だし、痛ましい事故であることに変わりはない。漱石は、そうした生物的本能を否定しているのではないのだ。問題としたのは、本能が露出するような事故が起こるたびに、それみたことか、これが人間なんだとして、「本能」の展開と行く末以外には関心を持とうとしない風潮に異を唱えたのである。

そもそも、死に対面すれば義務心など消え去ってしまうのが当然であり、不可能な事態にあれば誰しも助かりたいと思い、どんな行動でもとるものなのだ。それが人間の本能である。この真実を覆い隠して誤った美談を仕立てたり、嘘で塗り固めたりするなというのが、当時勃興した自然主義の主張だった。だから、ヒロイック（英雄的）なものや崇高な人間の行為と見えるいっさいは疑惑の対象と化した。騙《だま》されないぞ、というわけである。

確かに一理あるが、だからといって、すべてこの世は「本能」が「義務」に勝るのか、漱石にはとうてい受け入れがたかった。絶望下にあっても義務感覚が本能に打ち克つこともあるのではないか。かくて自然主義の小説家たちとの間に違和感を覚えていたころであった。

そうしたときに起こっただけに、佐久間艇長と十三人の部下の行為はひとしお胸に迫るものがあったであろう。神聖なものを俗に引きずり下ろそうとする者たちは、佐久間艇長の遺書を読んでみよ、義務が本能に克つという「不可思議」がこの世にはあるのだと訴えたのである。

このように、傑出した近代知識人であった漱石や晶子に鮮烈な影響を与えた佐久間艇長と第六号潜水艇事故とはどのようなものであったのか、その消息を跡づけておきたい。

四、生涯の恩師との出会い

まず、艇長佐久間勉の生い立ちに触れておきたい。彼は明治十二年（一八七九年）、佐久間家の次男として福井県三方郡八村に生まれた。父は前川神社の禰宜《ねぎ》であった。明治二十七年、三潟尋常高等小学校を卒業した佐久間は、福井県尋常中学校小浜分校（後の県立小浜中学校、以下小浜中学と呼ぶ）に入学した。

小浜中学では親の膝下《しっか》を離れて寄宿舎に入っている。この小浜中学時代、佐久間は生涯を通じた心の師と出会うことになった。成田鋼太郎《こうたろう》と生田《いくた》小金次《こきんじ》の二人である。後述するが、佐久間は海底の潜水艇にあって、恩師二人の名前を書き綴って絶命していた。

筆者は、末期《まつご》に際会《さいかい》して、生涯の師の名前を書いて今生の別れを告げた佐久間勉の心中を思う。生還不能に陥った潜水艇にはガスが充満し酸素を欠いていた。そうした暗黒の海底にあって、最期に至るまで部下を指揮して職分を全うした佐久間は、心中で「成田先生！、生田先生！」と絶叫してみずからを鼓舞《こぶ》したのだろう。筆者にはそうとしか思えない。ちなみに、成田は国漢を、生田は数学を佐久間に教えた教師である。

佐久間と同窓の一人で、のちの佐賀高等学校長森岡喜三郎の回想によれば、成田から吉田松陰の「士規七則」を教わった佐久間は、みずから墨書して机の前に貼りつけて口ずさんでいたという。

佐久間が小浜中学に在学中、国運を賭けた日清戦争が勃発した。この戦争が佐久間に与えた影響は大きかった。三年生のとき、帰省して海軍兵学校進学の希望を父に伝えている。入学して以来、中くらい程度だった学力も、海軍への志望を固めたあとは刻苦勉励して抜群の成績を収めるまでになった。

四年生になって特待生の栄を受けたのを機会に、寄宿舎を出て、近くの民家の一室を借りて自炊生活をはじめている。経済上と勉学上の便利を得るためだった。もう一人の恩師である生田の追憶によると、「佐久間は沈着な子でした。非常に親孝行なのが何よりも目立った点で、常に身をつめても親に苦労をかけまいという風があり、寄宿も不経済だと遂《つい》には自炊しながら勉強しました」という。

佐久間自身が人に語ったところによれば、土鍋の自炊によって、寄宿舎時代の経費よりも当時の金で月一円を節約できたそうである。実家の父の月俸が七円三十銭だったというから、この節約は父親にとって息子に送金する学資の大きな軽減ともなった。生田はそうした教え子の健気《けなげ》な努力を見守り続けた恩師である。

ところで、彼が部屋を借りた家主は、一人住まいの老女で身寄りがなく先行き不安を常にもらしていたらしい。そのたびに佐久間は、

「世間に鬼はないと言います。私も将来軍人ともなり得れば、お婆さんの一人くらい養うことはやさしいことです。心配しなさるな」

と言って慰《なぐさ》めていたという。これはその場だけの社交辞令ではなかった。のち海軍少尉に任官するや、弟の佐久間章を通じて送金している。

本書の別項で取り上げた広瀬武夫もそうだが、明治の軍人はどうしてこんなにもお年寄りに優しいのだろう。まったくの他人でありながら、独り身の老後を送る不安と寂寥《せきりょう》を思いやり、手紙や送金までして励まそうとする。こうした豊かな感性を育てたものとは何だったのだろう。

五、「名誉のある所は責任の帰する所」

佐久間が海軍兵学校に入学するのは明治三十一年十二月だが、郷里を発《た》つに際して、友

人・知人が集まって送別の宴を催してくれることになった。このとき佐久間は一同に向かって謝辞を述べているが、その内容を友人の森川萬蔵が記録して残している。

不肖の身をもって今回兵学校生徒に採用の恩命を受くるに至ったのは、まったくの僥倖《ぎょうこう》である。しかるに諸君の友誼《ゆうぎ》に厚きこと、この盛んなる送別会を開き、かつ祝辞を賜《たま》はる。不肖の最も名誉とする所である。おもうに名誉のある所は責任の帰する所なり。このごとく区民および知友諸君より厚き待遇を与へられたるは身に余るの光栄である。爾後粉骨砕身《ふんこつさいしん》、誓って帝国海軍軍人の名誉を全うし、諸君今日の好意に報いんことを期するものである。

弱冠、数えで二十歳の青年は、このように故郷の人々に感謝を込めて志を披露した。

筆者は、これを読んではっとして気づかされた。「名誉のある所は責任の帰する所なり」という一句は、およそ十年後に潜水艇内で事切れるまで任務を全うした行動にそのまま重なるではないか。

筆者には、英国の伝統と言われる「ノーブレス・オブリージ（noblesse oblige）」なる言葉が思い浮かぶ。名著『自由と規律』（岩波新書）の中で著者池田潔は、ノーブレス・オブリージについて「受けた特権に対して支払わるべき義務の自覚」と述べて、次のようなエピソードを紹介している。

第一次世界大戦下、兵の先頭に立って敵陣に立ち向かうのも、また、敵前に倒れている味方の死傷兵を陣地から飛び出して肩に担いで連れ帰ってくるのも、常に部隊長がみずから任務として務めた。ある局面では、一人の部隊長は密かに持参してきたフットボールを蹴《け》り上げ、かつて母校の競技場でフォワード群を指揮したときと同じように、敵陣に向かって弧を描く球のあとを追い、「続け」とばかりに先陣を切っていったという。

戦時平時を問わず、人を指揮する役割を担う者はみずから率先してその責務を全うすべし。それがイギリスの伝統であったし、また期せずして若き佐久間が親友たちを前に誓った覚悟であった。洋の東西を超えて通じあう人の「生き方」にほかならない。今の世の中だからこそ、味わうべき言葉である。こうして佐久間は「名誉のある所は責任の帰する所」に向かって、新たな人生を歩みはじめた。

明治三十四年、兵学校を卒業した佐久間は海軍少尉候補生を命じられた。同期に米内光政《よないみつまさ》や藤田尚徳らがいた。明治三十六年一月に少尉に任官したが、このころすでに日露の対立は険しい状況を迎えはじめていた。

この年の大晦日《おおみそか》には、佐世保碇泊《ていはく》の「吾妻《あずま》」艦上から恩師成田鋼太郎にあてて、「いよいよ事件破烈の暁には、一刻の猶予も御無用と存じ候へば、とても筆執る暇もなかるべし。これを収めと思《おぼ》し召し下されたく願上候」と書き送っている。

六、師を同じくした佐久間と広瀬武夫

明治三十七年（一九〇四年）二月に日露戦争が火蓋《ひぶた》を切った。佐久間も海軍士官として「吾妻」に乗艦し、佐世保を出港して旅順港外の一帯で敵艦と交戦し戦果を上げた。戦況は一進一退を繰り返していたが、最大の難題はロシア艦隊の拠点である旅順港の攻略だった。ここにきて、この旅順港を何とか封鎖して機能麻痺《まひ》に陥れようとするプランが練られることになった。

結果、決死隊を募《つの》り、商船五隻を旅順港の入り口に沈めてロシア艦隊を航行不能にしてしまう作戦が決定する。これを知った佐久間はただちに決死隊に志願するのだが、選に洩れてしまった。決死隊メンバーには熟練した者が必要とされたためである。

あまりに悔《くや》しかったのであろう。戦地からもう一人の恩師生田小金次にあてて、そのときのいきさつを、

「小生事兼ねての本望にて司令長官のもとまで嘆願致し候へしも遂に許るされず、残念しごくに御座候。士官は主に熟練老練の人を選び、有馬中佐、広瀬少佐をはじめとし、……の人々に御座候」

と書き送ったほどである。

当時の上官で「吾妻」艦長であった藤井較一中将は、明治四十三年六月発行の雑誌『実業界』に、佐久間がいかに熱心に志願したかを明かしている。二回目の作戦の際には艦長室まで訪れて、藤井に決死隊に加えてもらうべく推薦してほしいと嘆願した。藤井は何とか説得したそうだが、悄然《しょうぜん》たる姿で部屋を退いたという。

しかし佐久間は諦《あきら》めなかった。このうえは司令長官に訴えるしかないと判断し、親展書を上申したうえで実際に司令長官室で直接懇願している。結局、許可は得られなかったが、ここが死に場所と決意していたかのような熱意であった。

実は、以上の挿話を取り上げたのは、旅順港口の閉塞作戦に指揮官として赴いて散った広瀬武夫中佐との関係に言及したいからにほかならない。佐久間にとって広瀬は海軍の先

達だけの関係ではなかった。本人たちが知っていたかどうかは分からないが、二人にとって生田小金次は共通の恩師だったのである。おそらく当人たちは気づいてはいまい。

生田は、岐阜第一中学、岐阜県華陽学校、高山中学（のち斐太《ひだ》中学と改名）、福井県小浜中学の各教諭を歴任した数学教師であった。成田は厳格な教師であったが、一方、生田は温厚な風格をたたえていたという。

生田が広瀬を教えたのは斐太中学に勤務していたときである。明治元年、広瀬は大分県竹田市で生まれているが、明治十年に父親が飛騨高山の裁判所長として転勤したため、少年期をこの地で過ごした。このとき生田の薫陶《くんとう》を受けている。

それから十年ほど後、小浜中学で佐久間は生田を師とした。

「二人の軍神に師たりし事は、かりそめの縁なりしとはいへ奇縁ともいふべく、教育者としてまことに欣幸《きんこう》と存じをる所なり」とは、生前、生田が人に語った言葉である。

かくて広瀬と佐久間の二人は、生田小金次を師とする同門のよしみにあった。広瀬は二回目の閉塞作戦で壮烈な戦死を遂げたが、佐久間が何としても参加すべく艦長と司令長官に懇願したのは、この作戦のときである。

かりに許可が下りていればどうであったろう。空想は慎まねばならないが、沈みいく甲板上に不明の部下を探し求める広瀬の傍らにはきっと佐久間もいて、ともに「杉野！　杉野！」と連呼して駆け回ったはずである。そういう男だった。生田はそうした豊かな感性を持つ二人を育てた教師である。

七、悲劇のドン亀「第六号潜水艇」

日露戦争中の明治三十七年七月に海軍中尉に任官した佐久間は、翌三十八年五月二十七日の日本海海戦には、分隊長心得として戦艦「笠置《かさぎ》」を駆使して奮戦した。このときの連合艦隊の圧倒的勝利は世界を驚嘆せしめたが、ついに同年九月に日露戦争は終結を迎えた。

十二月になると、水雷術練習所学生を命じられ、横須賀に赴いて学術研究に当たることとなった。潜水艇は当時最新鋭の兵器であり、諸外国においてもますますの開発が期待されていた。彼は、みずからこの潜水艇の発展を期して研究に邁進《まいしん》している。翌三十九年九月には大尉に進級するとともに、待望の第一潜水艇の艇長に補せられることになった。

悲劇の第六号潜水艇との出会いは、明治四十二年十二月十七日、前艇長の転出に伴い、その後任に補せられたときにはじまる。このころ、六号潜水艇は修理のため呉《くれ》（広島）のドッグに入っていた。この潜水艇は、第一潜水艇隊に所属する七隻の潜水艇の中でも、形はいちばん小さくて性能も劣ってはいたが、日本人の手で建造した最初のものであった。他に比べて速力が遅く吃水《きっすい》が深いため、海面に浮かんだ格好が亀に似ているので「ドン亀」と称された。

さて、明治四十三年が明けた。四月十一日、艇長の佐久間と十三名の部下が乗り込んだ六号潜水艇は、演習のため呉を出港した。十二日、十三日と宮島付近で各種の訓練を行い、十四日は宮島を出港して長距離潜航《せんこう》を試みたが、特にトラブルもなく無事終了している。

こうして運命の四月十五日を迎えた。この日の訓練はガソリン機関半潜航を中心とするものだった。これは潜水艇を水中に沈め、通風筒の先だけを海面に出し、そこから空気を取り入れながらガソリンエンジンで航走する実験である。

この日は、九時三十分に航走を開始して岩国新湊港の沖に向かった。一旦潜水して浮上し、反転して十時四十二分に全速前進を行い、五十二分には通風筒半ばまで沈んだが、そのまま半潜航を維持できず、船体が完全に水没してしまった。水没場所は、岩国の南南東の方角である。佐久間が手帳に書きつけた最期の言葉は「十二時四十分なり」であるので、事態の急変に気づいて悪戦苦闘の回復に当たった時間はおよそ百分ほどだったであろう。

近くにいて六号潜水艇を監視していた母艇である歴山丸の担当者は、実験が長引いたことは以前にもあったことであり、さほど気に留めなかった。不安に駆られて通報したのは十七時になっていた。この時点から大がかりな捜索、救援が展開されたが、発見されたのは、翌十六日十五時三十八分である。

しかるに、回収作業は困難をきわめた。ようやく引き揚げに成功したのは、十七日十時四十五分のことだった。このとき検分のため艇内に入っている。四月二十日付の『東京朝日新聞』には「雄々しき最後」と題した特集が組まれ、捜索に従事した将校の談話が紹介された。

佐久間艇長は司令塔にありて儼然《げんぜん》指揮せるまま、生けるがごとく永眠し、舵手《だしゅ》はハンドルを握りしまま瞠目《どうもく》し、長谷川中尉以下各部署に就き、さらに取り乱したる態度なかりしは、軍人の本分とはいへ、死に至るまで職務忠実なる行動に、胸迫り涙さへ出でざりし。

ハンドルを握ったまま絶命していた舵手とは、二等兵曹の堤重太郎である。長谷川芳太郎中尉は、門田勘一上等兵曹とともにガソリンパイプの破損部分近くに並んで倒れていた。おそらくは、吹き出るガソリンの臭気を食い止めようとして力尽きたものであろう。このように、全員が最期の瞬間まで持ち場を離れずに絶命していたのである。

　佐久間は、享年満三十歳であった。

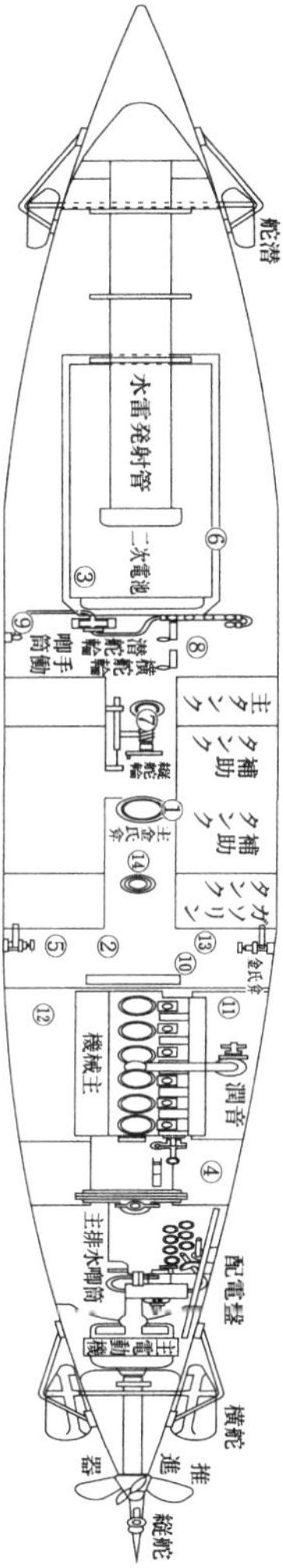

〈階級〉	〈氏名〉	〈出身地〉
①艇長海軍大尉	佐久間　勉	（福井県）
②艇附海軍中尉	長谷川芳太郎	（宮崎県）
③海軍機関中尉	原山政太郎	（新潟県）
④海軍上等機関兵曹	鈴木新六	（福島県）
⑤海軍上等兵曹	門田勘一	（広島県）
⑥海軍一等兵曹	浴山馬槌	（山口県）
⑦海軍二等兵曹	堤　重太郎	（香川県）

〈階級〉	〈氏名〉	〈出身地〉
⑧海軍三等兵曹	吉原卓治	（兵庫県）
⑨海軍一等水兵	遠藤徳太郎	（広島県）
⑩海軍一等機関兵曹	岡田権次	（広島県）
⑪海軍二等機関兵曹	檜皮徳之亟	（兵庫県）
⑫海軍二等機関兵曹	山本八十吉	（和歌山県）
⑬海軍三等機関兵曹	河野勘一	（山口県）
⑭海軍三等機関兵曹	福原光太郎	（千葉県）

第六号潜水艇殉難者とその位置図

八、佐久間艇長の遺書

ところで、佐久間の遺書はすぐ発見されたのではない。十七日の夜、遺留品係の者たちが整理をしていたのだが、彼らの手助けとして、小浜中学出身の後輩で海軍中尉倉賀野《くらがの》明が当たることになった。その手伝いの最中に倉賀野が発見したのである。その顚末は、母校の成田鋼太郎にあてた手紙に明らかである。発見のようすを、こう伝えている。

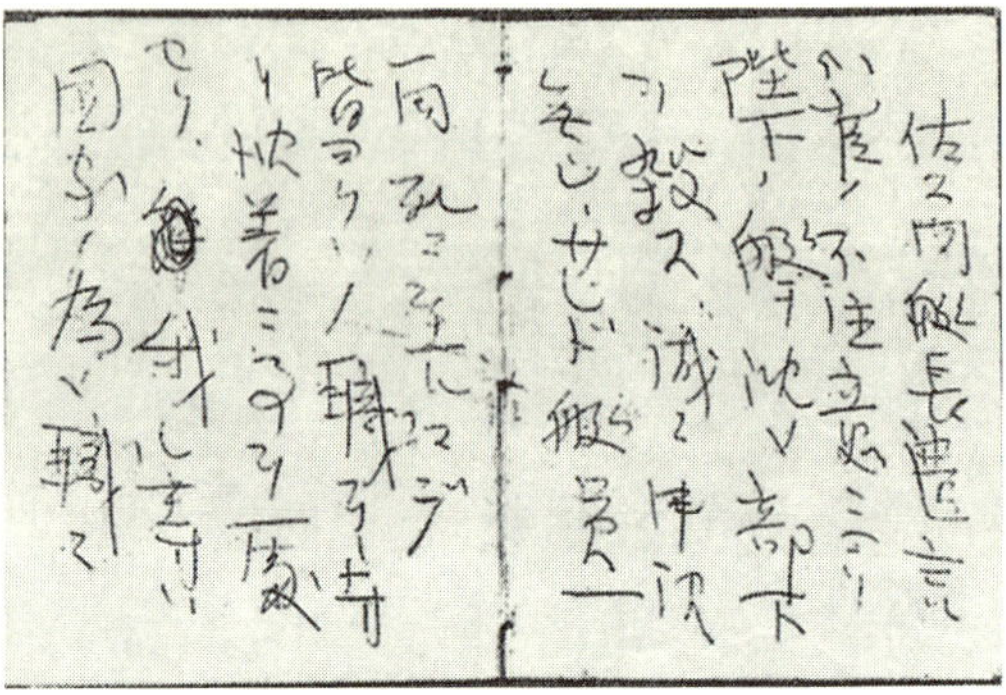
佐久間艇長遺言
小官ノ不注意ニヨリ
陛下ノ艇ヲ沈メ部下
ヲ殺ス、誠ニ申訳
無シ、サレド艇員一
同死ニ至ルマデ
皆ヨクソノ職ヲ守リ

佐久間艇長の遺書（冒頭の部分）

十七日の夜、遺留品係を補助して整理中、室内隅《すみ》の机上に、粗末なる手帖二冊あり、湿潤《しつじゅん》してほとんど棄《す》てられむとするありさまなり。生はかねて佐久間艇長たる者、必ず最後の決心を記し止め置かるべきことを確信し居たれば、もしや艇長のにてはあらざるかと、これを開き見しに、一頁二頁は皆白紙なり。ここにおいてほとんど絶望的に、手当り次第中間を開きしに、彼の立派なる遺書にて候ひき。

まさか、あの絶望の艇内でこうした遺書が克明に書かれていようとは、遺留品係は思いもしなかったろう。倉賀野が手にとって確かめなかったら、廃棄されて当時の人々もわれわれも知らずに終わったはずである。遺書が見つかったのは僥倖としか言いようがない。最近、ＴＢＳブリタニカから『佐久間艇長の遺書』が刊行され、実物の写真も収録されているので、ぜひその全文を読んでいただきたい。ここでは事故のようす、その原因、さらには対策などを詳細に記した箇所を割愛《かつあい》して、冒頭の部分と最後に書きつけた「公遺言」と題する箇所を紹介しておく。

佐久間艇長遺言

小官の不注意により
陛下の艇を沈め
部下を殺す

誠に申訳なし
されど艇員一同
死に至るまで
皆よくその職を守り
沈着に事を処《しょ》せり、
われらは国家のため
職に斃《たお》れしといへども
ただただ遺憾とするところは
天下の士は
これを誤りもって
将来潜水艇の発展に
打撃を与ふるに至らざるやを
憂《うれ》ふるにあり、
希《ねが》わくは諸君ますます勉励をもって
この誤解なく

将来潜水艇の発展研究に
全力を尽くされん事を
さすれば
われら一つも
遺憾とするところなし

（中略）

公遺言
謹んで
陛下　に白《もう》す
わが部下の遺族をして
窮するものなからしめ給はらん事を
わが念頭に懸かるものこれあるのみ
左の諸君によろしく（順序不順）

一、斉藤大臣
一、島村中将
一、藤井中将
一、名和少将
一、山下少将
一、成田少将
（気圧高まり鼓《こ》まくを破らるるごとき感あり）
一、小栗大佐
一、井出大佐
一、松村中佐（純一）
一、松村大佐（竜）
一、松村少佐（菊）（小生の兄なり）
一、船越大佐
一、成田鋼太郎先生
一、生田小金次先生

十二時三十分呼吸非常にくるしい
瓦素林《がそりん》をブローアウトせししつもりなれども
ガソソ《（ママ）》リンにようた
一、中野大佐
十二時四十分ナリ、

沈没後のいつの時点で筆をとったのかは分からない。トラブルの復旧に必死の指揮をとりながらも絶望を覚悟したとき、後世のためにもとっさにメモを書きつけはじめたに違いない。まず陛下の艇を沈め、優秀な部下を死なせることを指揮官として詫《わ》びている。次いで、部下十三名が死に至るまで沈着にことに当たり、職分を全うした事実を伝えた。このくだりは発見されたときのようすとみごとに符号する。

さらに、この事故のために潜水艇の発展に支障が生じるようなことがあってはならない。死に臨んで心残りがあるとすればそのことだ。どうか、これを教訓にして一層の発展に尽くしてもらいたいと切々と訴えた。

海底から発信した佐久間のこの懇願は、実際に生かされていった。遺書に名前が書かれた松村純一中佐は、事故当時はフランス大使館付武官としてパリに駐在していた。事故の知らせを聞き、佐久間の遺書を読んでガソリンの恐ろしさを知るや、フランスで採用されつつあったディーゼルエンジンの採用に踏み切るよう、海軍省に提唱した。このエンジンに使用するのが、ガソリンより揮発性の低い重油だったからである。

こうして佐久間の意思を受けた潜水艇開発は軌道に乗り、大正末期ころから世界に抜きん出る「潜水艦」建造に結実した。飯島英一著『第六潜水艇浮上せず…』（創造社）によれば、第二次世界大戦後に原子力潜水艦が出現するまで、日本の潜水艦建造技術は世界のトップレベルを走り続けたという。

この事故にかかわる情報は世界に伝えられた。諸外国からは続々と弔電や弔慰金が届けられた。あまりに多いのでいちいちここには記さないが、アメリカでは国会議事堂の大広間に遺書が原文のままコピーされ、英訳を添えて丁重に陳列されたという。

遺書の最後には、気圧の上昇で鼓膜《こまく》が破れ呼吸困難となりながらも、別離の名前を列記する。すでに言及したとおり、十五名の中に「先生」と敬称をつけた成田と生田の恩師の名が刻まれている。

成田鋼太郎は、明治四十一年一月三日、京都平安神宮で挙行された佐久間の結婚式において媒酌人《ばいしゃくにん》を務めた人でもある。当時、連日の降雪で小浜一帯は行き来もできないほどの事態となった。そこで成田は、草鞋脚絆《わらじきゃはん》に身を固めて一メートルを超える積雪をついて今津街道に出ると、徒歩で当日の午前中に京都にたどり着いた。そういう人だった。佐久間は分身のごとき教え子だった。

剛毅《ごうき》の人として知られた成田は、佐久間の死を聞いても涙はこぼさなかった。その成田が、のちに発見された遺書を読み終わった刹那、そのみごとさに打たれて号泣した。「これを読みて予は感きはまりて泣けり。今泣くものは死を悲しめるにあらざるなり。その最期の立派なりしに泣けるなり」と書き残している。

かくて成田は筆をとった。教え子の生涯を後世に残すためである。その年の十一月十六日、博文館から菊版一七六頁の『殉難艇長 佐久間大尉』として刊行された。爾来、世にいくつかの伝記が著されてきたが、この著作がその嚆矢にほかならない。巻末に一首の歌を詠んで教え子に捧げた。

敷島《しきしま》の大和心を人間《と》はゞ佐久間大尉の遺書を示さむ

今日もなお「沈着勇断」の佐久間艇長が地元の
人々の心に刻まれている

(三方町第一小学校)

(三方町明倫小学校)

御製一首の歴史的背景を読み解く

●昭和天皇と白川義則大将●

一、密かに届けられた御製

をとめらが雛《ひな》祭る日にたたかひをとどめしいさをおもひいでにけり

このお歌は昭和天皇がお作りになった御製《ぎょせい》である。お歌の意味は、「娘たちがお雛さまを飾ってお祝いをする桃の節句に戦争を終息《しゅうそく》させたその勇気を、今、私は思い出している」というもので、いたって分かりやすい。

ところが、このお歌の中で陛下がご回想になっている戦争終結の事実に関して、誰が、いつ、いかなる戦争を、どのような経緯でピリオドを打ったのかということになると少しばかり説明が必要であろう。

実はこの戦争は、満州事変との関連の中で勃発した上海事変を指している。そしてこの事変を終結させた人物とは、白川義則《しらかわよしのり》陸軍大将のことである。

昭和七年（一九三二年）一月二十八日に惹起《じゃっき》した日中両軍の武力衝突に際し、派遣軍司令官として上海に赴いた白川大将は、三月三日に停戦命令を下して戦いの鉾《ほこ》を収める偉業をなした人物である。その後、四月二十九日の上海虹口公園において催された天長節祝賀会場で朝鮮独立運動家の一人尹奉吉《ユンボンギル》が投げた爆弾を受けて負傷し、五月二十六日に死去した。

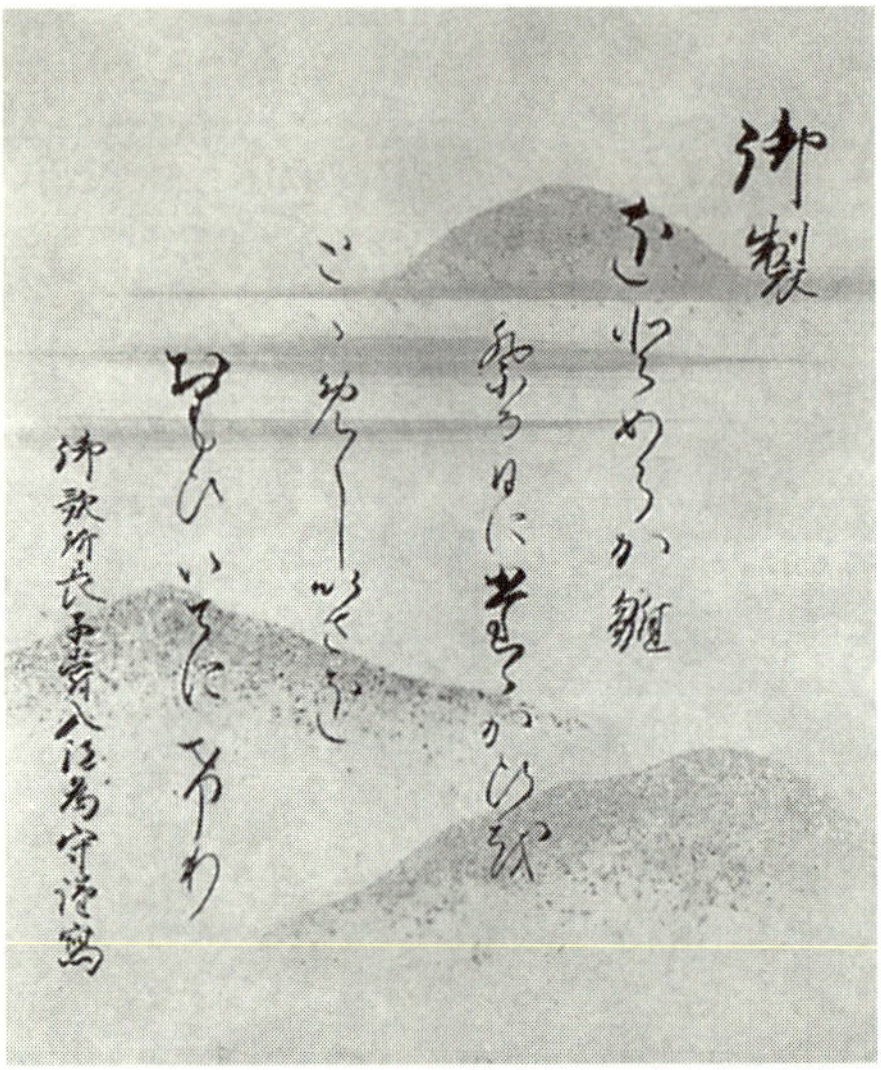
昭和天皇の御製（白川義則大将のご遺族が賜ったもの。白川義正氏所蔵）

悲運に倒れはしたが、みごと上海事変を収束したその功績を昭和天皇はお忘れにはならなかった。すなわち白川大将の一周忌の際、冒頭に掲げた御製一首を詠まれて遺族の許へ下賜されていたのである。

当時、侍従長として陛下に仕えていた鈴木貫太郎《かんたろう》は、その著書『鈴木貫太郎自伝』のくだりでそれらの経緯を記述しているので、若干の史書によって補完しながら、その消息を整理してみよう。

一、昭和天皇は、昭和八年を迎えて前年の上海事変停戦の日（三月三日）の壮挙をご回想になり、戦争拡大を抑えて終結に導いた白川大将の勇断をたたえられた。そしてその悲運の最期を惜しまれてやまなかった。

二、そこで、そのお気持ちを和歌に詠まれ、ときの侍従長鈴木貫太郎を通じて一周忌を迎えようとする遺族にお示しになった。

騎乗の白川義則陸軍大将
（1868-1932）

三、ところが、満州事変以来大陸に勢力確立を図る現地関東軍への気がねから十年間秘密にせよとの軍幹部の強い要請を受け、鈴木侍従長も白川家遺族も沈黙を余儀なくされた。

四、だが、このお歌は約束させられた十年を経ても公表された痕跡《こんせき》はなく、鈴木氏の著書（櫻菊書院版）が刊行された昭和二十四年四月の時点で初めて公開されること

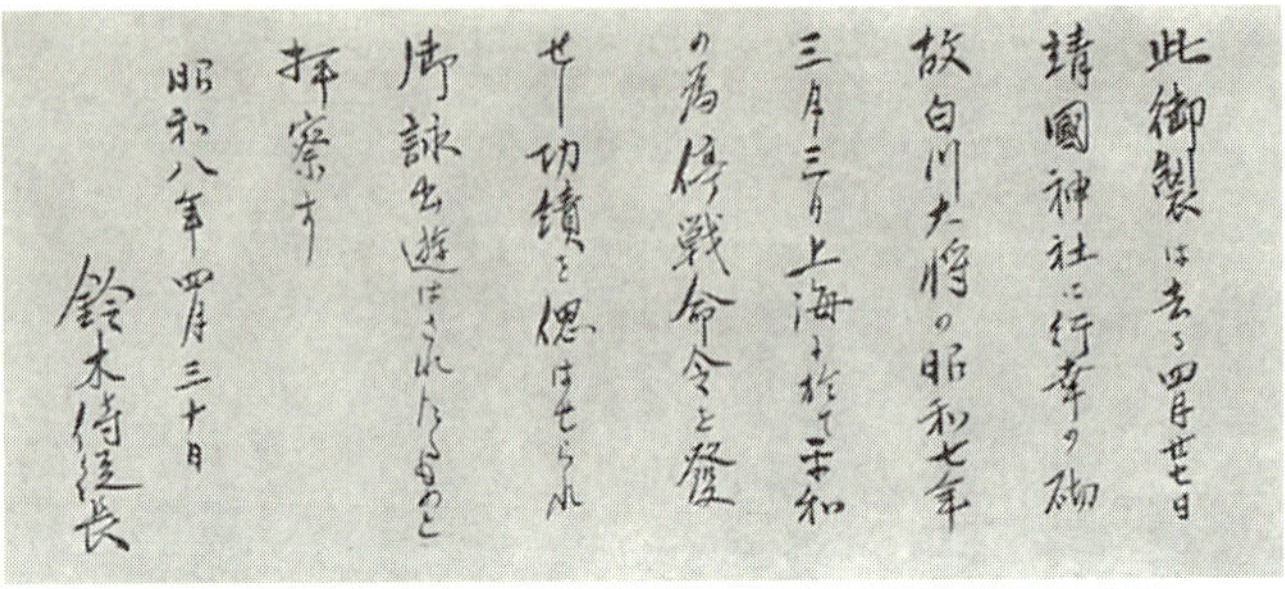
此御製は去る四月廿七日
靖國神社に行幸の砌
故白川大將の昭和七年
三月三日上海に於て平和
の爲停戰命令を發
せし功績を偲はせられ
御詠出遊はされたるものと
拜察す
昭和八年四月三十日
鈴木侍従長

御製とともに渡された鈴木侍従長の書簡（白川義正氏所蔵）

になった。

もっとも公開されたとはいえ、一般の目に触れるほどではなかった。広く公開されたのは、昭和天皇崩御後の新聞紙上である。それは平成元年一月十五日の『朝日新聞』の記事だった。御製の実物写真が掲載されている。

記事によると、昭和天皇がお詠みなった御製を墨で謹書したのは入江為守御歌所長（故入江相政・元侍従長の父）であった。これを鈴木侍従長が持参した。白川義正氏（白川義則大将の長男）の談話によると、昭和八年四月末、鈴木侍従長から「明日お届けしたいものがありますから在宅願います」と電話がかかってきた。

大学生だった義正氏が、入院中の母に代わって学生服姿で待っていると、鈴木侍従長は単身で来訪した。「靖国神社を陛下が参拝されたおり、故白川大将を思い出されて歌を詠まれた。その歌を持参しました」と、自分の手紙も添えて手渡したという。ちなみに、賜った御製は、毎年桃の節句を迎えると白川家に飾られてきたそうである。以上の経緯から見ても、この御製はまことに数奇《すうき》な運命をたどっている。昭和天皇の御製研究として最もすぐれた書物『歌人・今上天皇』の著者夜久正雄氏は、「この一首の御歌の運命に、歴史をおもい、人生をおもい、時代をおもって、暗然たることがある」と感想を洩《も》らされている。

二、孤立の道をたどる日本

ここで、このころの時代背景を寸描《すんびょう》しながら、このお歌の持つ意味を歴史的に考察してみよう。

昭和二年（一九二七年）に成立した田中義一内閣は、それまでの幣原《しではら》外交による中国不干渉政策、すなわち協調外交とうってかわって大陸強硬政策を打ち出す。

積極政策へ転換した要因の一つは、孫文在世中における「聯《れん》ソ・容共・扶助工農」をスローガンとする第一次国共合作成立以降、東アジアに急速浸透してきた共産主義勢力に対する危機感がもたらしたものである。

だが、この田中強硬外交中に起こった山東《さんとん》出兵、済南事件と続く中国軍との武力衝突は、ついに張作霖爆殺事件を惹起する。

この事件は、田中首相の本意でも陸軍参謀本部の指示でもなく、関東軍高級参謀の河本大作大佐らが、あたかも国民政府の仕業《しわざ》のように見せかけて張作霖を爆殺し、これを機に満州一帯を制圧して勢力下に納めてしまおうとする陰謀だった。

田中首相も調査した結果、関東軍の所業であれば断固とした処分を行う旨、天皇へ奏上している。その際、天皇は「国軍の軍紀《ぐんき》は厳格に維持するように」と注意を与えられた。

ところが、結局、行政処分程度で済ますこととなり、昭和四年（一九二九年）六月二十八日、まず、当時は陸軍大臣だった白川義則が天皇に拝謁《はいえつ》して以上の措置を伏奏《ふくそう》。これに対して天皇は「将来を戒《いまし》めよ」とたしなめられたという。

次いで参内《さんだい》した田中首相は、陸相と同様の趣旨を奏上、真相不明と公表する件について天皇の允許《いんきょ》を請うた。このとき天皇は、「最初に言ったことと違うではないか」と強く首相を叱責《しっせき》され、さらに首相が説明しようとすると「もう説明は聞く必要がない」と不信を表明されている。

かくて田中内閣は総辞職し、浜口雄幸、若槻礼次郎《わかつきれいじろう》と相次いで首相となり、この間の外相には再び幣原喜重郎が就任することになった。

世上では協調外交が復活しそうに見えた。しかし、皮肉にも田中外交時代に見られた政府方針を顧みない現地関東軍の独走は止む情勢には向かわず、むしろ拍車をかけるありさまとなった。一方で、万宝山事件や中村大尉虐殺事件などの中国側による排日、侮日《ぶにち》の事件も発生し、ますます現地関東軍を刺激するに至った。

ともあれ、これら一連の火種が、昭和六年（一九三一年）九月に柳条湖事件となって現れた。この事件が関東軍の高級参謀板垣征四郎大佐や次級参謀石原莞爾《いしはらかんじ》中佐らの策謀《さくぼう》によって起こされたものであることは言うまでもない。

政府はただちに不拡大方針を出したが、関東軍はこれを張学良軍の仕業として軍事行動に移り、四か月半で満州を制圧してしまった。いわゆる満州事変と呼ばれるものだ。

このときも天皇は、若槻首相に対して「事態を拡大せぬよう、徹底して努力せよ」と意思を表明され、また出兵の直裁《ちょくさい》のため参内した金谷参謀総長には「将来を慎め」と厳しく戒められている。

しかるに、天皇の憂慮にもかかわらず事態は拡大し、中国の対日感情は極度に悪化していく。国際社会の目も満州に集まり、国際連盟ではリットン調査団を派遣して事態の解決を図ろうとした。

三、「白川は戦争を止めます」

以上、略述した日中関係およびその間に立たれて懊悩《おうのう》され続けた陛下の前に、上海事変が勃発する。時あたかも昭和七年（一九三二年）一月二十八日のことだった。中国側の反日感情の高まりの中、特に上海においては日本人居留民との間の対立が激化していた。

この上海事変の報に接し、天皇の御心痛はそのきわみに達しておられたという。西園寺《さいおんじ》公望《きんもち》の秘書・原田熊雄の『原田日記』によれば、「夜もろくろくお休みになれないらしく、十一時ごろ侍従を鈴木侍従長の家に遣わされて『すぐ来てくれ』というお言葉もあった」ほどで、当時の御心境の一端がうかがわれる。

こうした事態の中で、政府内の周章狼狽《しゅうしょうろうばい》、政府と陸軍間の不統一はいっこうに改まるようすは見えなかった。現地では海軍が陸戦隊を揚陸《ようりく》させているが、蔣麾下《きか》の中国軍は頑強に戦闘をくりひろげ日本側は苦戦に陥る。

ときの犬養首相は、二月十九日には上海には増兵しない方針を打ち出していたにもかかわらず、二十三日になると二個師団増派のやむなきに至った旨を上奏。ついに元陸相であったあの白川義則大将が上海派遣軍司令官に任ぜられ、その親補《しんぽ》式《しき》が二月二十五日正午に執り行われる次第となった。

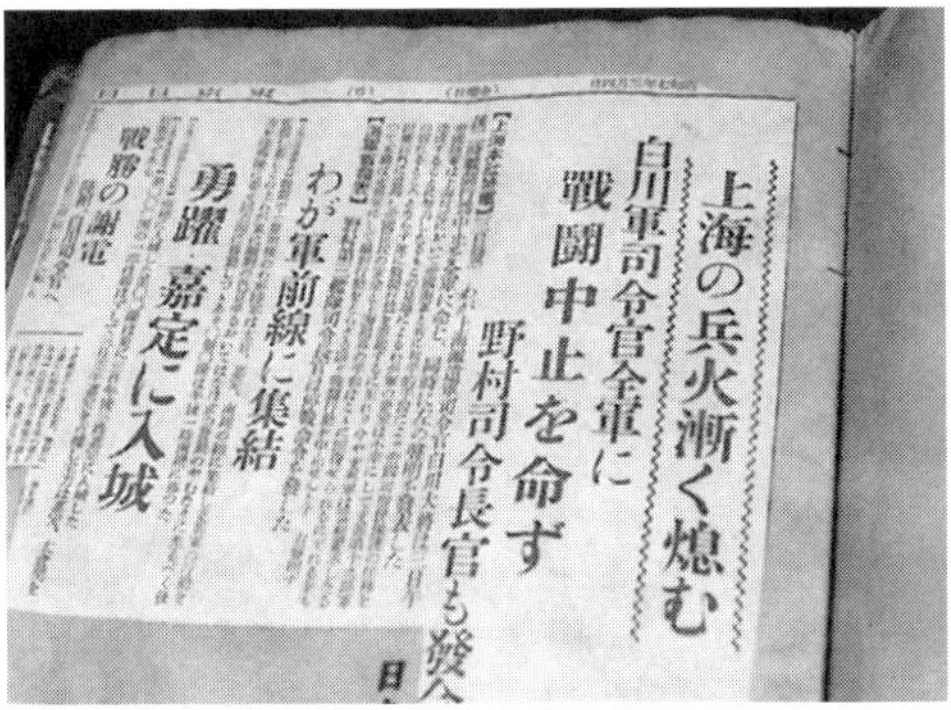
上海の兵火漸く熄む
白川軍司令官全軍に
戰鬪中止を命ず
野村司令長官も
わが軍前線に集結
勇躍 嘉定に入城
戰勝の謝電

白川大将が戦闘中止命令を出したことを伝える新聞記事（昭和７年３月４日『東京日日新聞』、白川義正氏所蔵）

このときであった。式に臨んだ白川大将は、拝謁した天皇から思いがけない重大な使命を授けられたのである。天皇は「事態は重大であるから、お前は早く軍の目的を達して、遅滞なく軍を引き揚げて帰ってくるように」と仰せになった。

三年前、張作霖爆殺事件の際は天皇のお叱りを受けた一人であったわけだが、昭和天皇は万感の思いをこの白川大将に託されることになった。この一瞬、確かにお言葉を承りましたというほか、白川司令官の胸には何ものもなかったに違いない。

白川は翌二十六日に出発し、作戦の都合で三月一日に上海に上陸する。現地には「あくまで敵を急迫し、徹底的打撃を与えらるることを期待す」という参謀本部眞崎甚三郎次長名の要請が届いていて、停戦の雰囲気など毫《ごう》もなかった。

ところが、三月三日の現地会議の席上、突如、起立した白川大将は、こう言明した。

「白川は戦争を止めます。停戦命令を出します」

その口調は、はるか東京の陛下に奏上するかのように、聴く者に荘重《そうちょう》に響いたという。臨席していた重光葵《しげみつまもる》は「独《ひと》り心に期するところありしもののごとく、遂に参謀等の反対を押し切り停戦を断行した」と、その横顔を記録に残している。

こうして停戦を指示する「上軍作命甲第十一号」命令が下達《かたつ》され、上海事変は収束を迎えるに至った。陛下のお喜びは格別のものであったと伝えられている。ただし、白川司令官は、五月五日、端午《たんご》の節句に調印予定の上海停戦協定に臨むことなく、尹奉吉の爆弾に倒れた。

冒頭に掲げた陛下の一首のお歌は、以上のごとき歴史を背負っている。戦いというものは、自然に立ち消えになるものではない。やはり人間の崇高な判断と意志と努力が結集して、鉾を収める力になるのだとつくづく思われる。

鈴木貫太郎の名誉回復

●謎の言葉「黙殺」をめぐって●

一、「ポツダム宣言」への対応

昭和二十年（一九四五年）七月二十六日、日本に降伏を求める「ポツダム宣言」が発表された。これを受けた日本側の対応は、どのようなものであったか。

ときの首相は七十七歳の鈴木貫太郎であった。七月二十八日、午後四時から開かれた内閣記者会との会談で鈴木が述べたと言われる「黙殺」という一句が、その後の重大な事態を招いたというのが、従来からの通説とされている。教科書にもそう記述されてきている。

し、平成十三年に検定合格した新規の「中学歴史教科書」でも、この点は変わらない。

「ポツダムの会議では、アメリカ・イギリス・中国の名前で、日本の無条件降伏をうながす共同宣言を出しました（ポツダム宣言）。しかし、この宣言を政府が黙殺したため、アメリカは、八月六日に広島に、八月九日に長崎に原子爆弾を投下しました」（帝国書院）。

ところで、こうした教科書記述が依拠してきた証言や資料はどのようなものか、その主なものを以下に挙げてみよう。

第一に、鈴木首相とともに終戦工作に尽力した東郷茂徳外相から、この一点に関しては非難がなされている。

鈴木貫太郎（1867-1948）
昭和20年4月、組閣直後の鈴木首相

いわく、「総理はついに強硬派の意見に動かされ、その後の記者会見においてこれを黙殺するに決めたと述べて大々的に報道せらるることになった趣である。……米国新聞紙等は日本は同宣言を拒否したと報じ、『トルーマン』大統領の原子爆弾使用に関する釈明および『ソ』聯の参戦声明中にもこれを理由とすることになった」（回想記『時代の一面』）

第二に、政治学の世界においても、岡義武のように「鈴木首相がこのポツダム宣言を黙殺したことは、米英側を刺激し、八月六日に広島、同九日に長崎への原爆投下となった」（『近衛文麿――「運命」の政治家』）と認識しているケースは多い。

第三に、辞典類も同様で、平凡社『世界大百科事典』の「ポツダム宣言」の項目では、「七月二十八日軍部主戦派の圧力に屈した鈴木貫太郎首相が、この宣言を〈黙殺〉すると言明したため、アメリカはそれを口実に広島と長崎へ原子爆弾を投下」などと記述。

ことほどさように、鈴木首相のとった「黙殺」表明は批判の対象と化している。要するに原爆投下、ソ連の参戦を招いた重大な過失とするものである。さて、こうした通説は果たして事実に合致したものであったのか。

実は現在、重大な反証が提起されている。それが平成十二年の夏に刊行された仲晃著『黙殺――ポツダム宣言の真実と日本の運命』上・下（NHKブックス）である。これは、近年米国で公開された資料等も駆使しながら、通説を覆《くつがえ》す有力な研究である。これを参考に従来からの通説を検証してみたい。

二、「黙殺」発言は神話である

まず、鈴木首相は記者会見で「黙殺する」という表現をしたのかどうかという点を検証したい。当の本人は、回想記『終戦の表情』の中でこう述べている。

この宣言に対しては意思表示しないことに決定し、新聞紙にも帝国政府当該宣言を黙殺するという意味を報道したのであるが、国の輿論《よろん》と、軍部の強硬派は、むしろかかる宣言に対しては、逆に徹底的反発を加え、戦意昂揚《こうよう》に資すべきであることを余に迫り、……そこで余は心ならずも七月二十八日の内閣記者団との会見において『この宣言は重視する要なきものと思う』との意味を答弁したのである。

ここで注目すべきは、新聞では「黙殺する」と報道、一方鈴木首相みずからは「この宣言は重視する要なきものと思う」と答弁したという二点である。

実は、「黙殺」記事が大々的に紙面を飾る七月三十日以前に、この一件が初めて報じられたのは七月二十八日付の朝刊である。つまり、鈴木首相の記者会見は二十八日の午後四時からのことであり、第一報の記事は記者会見に先立つものだった。その出処《しゅっしょ》は二十七日に開かれた書記官長の迫水久常《さこみずひさつね》と記者団の懇談会である。

この席上、日本政府はどう対処するのかという点に話が及び、迫水書記官長は、重要視しないというか、ネグレクトする方向へいくことになるだろうと語った。すると記者団から「じゃあ黙殺か」という話が出て、迫水は記者団に「なるべく小さく扱ってくれ」と語ったという。この経緯については、懇談の場にいた朝日新聞外務省記者クラブ詰めの柴田敏夫記者が『証言・私の昭和史5』の中で証言している。かくて『朝日新聞』では、翌二十八日の朝刊に二段見出しで六行程度の「政

米英重慶、日本降伏の
最後條件を聲明
三國共同の謀略放送
政府は默殺
多分に宣傳と對日威嚇

鈴木首相の記者会見に先立って報じられた「黙殺」記事（昭和20年7月28日『東京朝日新聞』）

府は黙殺」の記事を載せたわけである。

しかるに、前掲の回想にあるように、鈴木首相は軍部強硬派からの主張をも考慮しつつも、記者会見では「重視する要なきものと思う」という慎重な言い回しだったのだともいう。決して「黙殺」とは書いていない。いったい、いずれが本当なのか。当時の会見記録はない。それでもいくつかの重要な証言が存在する。

例えば、首相の身近にいた下村宏情報局総裁は、『終戦秘史』の中で、こう述べている。

閣議では進んで意思表示しないことになっていたが、軍部は強く反駁《はんばく》しないと志気にひびくという。記者団との一問一答で、首相は重要視しないといわざるを得ない。新聞では黙殺するという語を用いたのであった。

また、当時、同盟通信社の長谷川才次海外局長は、次のように述懐している。

翌朝（七月三十日）の朝刊を見て驚いた。ポツダム宣言黙殺と、でかでかと出ているではないか。後日『毎日新聞』の名取君から聞いたのだが、『総理は、はっきりしたことは何もいわれなかったんですよ。近ごろの言葉でいうと、ノー・コメントといったところなのですが、印刷するとああなりますかね』とけげんな面持《おもも》ち。

（長谷川才次刊行会編『長谷川才次』）

ここに明らかなように、鈴木首相は会見で「黙殺」なる言葉は用いていないと断言してほぼ間違いない。「この宣言は重視する要なきものと思う」と答弁したであろうことは、まず確実である。結局は、先行した二十七日の報道の雰囲気に沿った方向で、三十日朝刊にも繰り返して「黙殺」報道をしたというのが真相であろう。

三、日本の新聞より正確に伝えていた米紙

また、鈴木首相による「黙殺」発言が、原爆投下、ソ連参戦を招いたとする理由の一つに、記者会見内容の翻訳過程に問題があったと指摘する向きもある。

要するに、鈴木首相がポツダム宣言を黙殺すると口走り、これが同盟通信社の手で「ignore」（黙殺）と訳され、さらにAP、ロイターなどの米英通信社が最も意味の強い

「reject」（拒否）と言い換え、これが米各紙に大きく掲載されてアメリカ国民を憤激《ふんげき》させた。ついに米政府首脳部も原爆投下に踏み切らざるを得なかったという説である。

ところが、こうした見方に対しても仲氏は反証している。実は、鈴木首相の記者会見の内容は、三十日の新聞報道の前に、二十八日当日の午後七時のNHKラジオ放送で流されている。これを米国政府の連邦通信委員会が傍受《ぼうじゅ》し、英訳して報道陣に配布していた。しかも傍受内容は、三十日付の『ワシントン・ポスト』に載せられていたのである。

仲氏の訳によると、

「米連邦通信委員会が傍受した放送が伝えるところによると、鈴木〝ポツダム宣言は、カイロ宣言の水増しに過ぎず〟、〝帝国政府に関する限り〟、関心を払うつもりはない、と主張」

という内容である。

この報道は、鈴木首相の「この宣言は重視する要なきものと思う」という発言と酷似《こくじ》しており、「黙殺」などという文言はどこにも見いだせない。いずれも原文は「take no notice of（関心を払わない）」という表現で、要するに、米連邦通信委員会も主要米国紙も第一報において誤解などしていなかったのである。

四、原爆投下の準備はいつの時点だったか

そこで、最後に残る核心部分は、日本政府のポツダム宣言への対応がトルーマン大統領にどのように受け止められていたかという一点に絞《しぼ》られてくる。

実は、仲氏の最新研究によれば、鈴木首相のいわゆる「黙殺」発言は、米国においては「公式、非公式を問わず、終戦前夜まったくといってよいほど話題にならなかった」という。トルーマンの回顧録（一九五五年発表）には「黙殺」を意味する言葉が見当たらないし、鈴木首相の名前すら登場しない。米紙の第二報で「黙殺」よりさらに強い語感のある「reject」（拒否）が使われたにしろ、トルーマン大統領の政策に何らの影響も与えなかった。トルーマンは既定方針どおりに事を進めただけである。

トルーマンの回顧録には、

「七月二十八日、東京放送は日本政府が戦争を継続するであろうと発表した。アメリカ、イギリス、中国による合同の最後通告に対する正式回答はなかった」

と記されている。トルーマンは、鈴木首相の記者会見を正式回答とはみなさず、従来どお

りの戦争継続の表明と捉えていた程度だったのである。

この事実を見るだけでも、鈴木発言が増幅されて伝わり、「ポツダム宣言拒否」と受け取られて原爆投下への決断を引き出したという通説は覆ってしまう。

ところが奇妙なことに、同じ回顧録の中でも広島への原爆投下に関する箇所になると、日本政府が早々とポツダム宣言を拒否したのが原爆投下の原因だったと言い募《つの》る。確かに八月六日、トルーマンは原爆投下の直後に全世界に向けて、

「七月二十六日の最後通告がポツダムで出されたのは、完全な破壊から日本国民を免れさせるためであった。日本の指導者たちは、即刻この最後通告を拒否した」

とする声明を発表している。

このようにトルーマンは、「正式回答はなかった」と言いながら、一方で鈴木発言を原爆投下の公式理由として位置づけた。この矛盾をどう読み解いたらいいのか。

仲氏の分析は明快で説得力に富む。仲氏は考えられる理由は一つしかないとして、

「七月二十八日の鈴木首相の言明を、トルーマンはその場では〝拒否〟と取らなかった。したがって、日本政府からの正式回答は未着との認識を持ち続けた。しかし、八月六日の広島への原爆投下にあたっては、アメリカ国民に状況を説明する必要に迫られ、日本政府

のポツダム宣言〃即時拒否〃をあげて、国民を納得させようとしたもの」と結論づけている。

要するに、「後知恵《あとぢえ》」にすぎないというわけである。仲氏の調査によれば、鈴木首相の七月二十八日の記者会見より二週間ほど前の時点で、米軍首脳が原爆投下の命令書を担当責任者に渡していた事実が明らかにされている。しかもこの命令書には、日本がポツダム宣言を受諾した場合、原爆投下を中止するといった条件付き指示はいっさい書き込まれていなかった事実が解明されているが、こうした点を総合すると、鈴木首相の記者会見と原爆投下を結びつけるものは何もない。

そもそもが、広島への原爆投下直後に出された八月六日のトルーマン声明そのものは、およそ一か月前の七月二日に、スティムソン陸軍長官から草案の形で手交《しゅこう》されていた。トルーマンがこれをポツダムに持参している事実は、すでに米政府の関係資料で明らかとなっている。すべては七月二十六日のポツダム宣言発表の以前に準備されていたのである。

ところで、こうした虚構に満ちた「黙殺」神話が何をもたらしたか。仲氏は、「日本政府が、当時追究すべくして追究しなかったその他の外交上の選択肢が、戦後の歴史研究の中で十分な検討なしに打ち切られてきた可能性がある」

と述べているが、筆者も正確な終戦史研究を進めるうえで同感を禁じ得ない。

鈴木氏の名誉が回復されつつあることを喜ぶとともに、まさに教科書記述も含めて、新たな見直しをさらに追究したいものである。

桜を守った男たち

●文化を継承するとは●

一、小林秀雄と笹部新太郎

かつて小林秀雄が文化勲章を受章した際、受章を記念して文部省主催の講演会が開かれたことがある。開口一番、小林は、

「私が受けるよりも、もっと相応《ふさわ》しい人がいる。心から桜を愛し、その保護育成に努めている笹部新太郎《ささべしんたろう》という人です」

と語ったという。

小林が自分より相応しいと推《お》した笹部新太郎は、その後も文化勲章を与えられはしなかったものの、紛れもなく日本文化に対する貢献に深く関与した人だった。昭和五十三年、九十一歳で死去するまで、山桜の保護育成とその啓発にその生涯を捧げた。

笹部は、明治四十一年に東京帝国大学法科大学政治学科に進むが、すでに在学中から桜の研究に手を染めている。卒業後も帝大生の多くが進んだエリートコースは歩まず、故郷大阪に戻って桜の品種保存や接《つ》ぎ木などの研究に使用する演習林「亦楽山荘《えきらくさんそう》」の造園に着手した。

彼の業績は多岐に及ぶが、例えば、昭和十六年には奈良県の依頼で橿原《かしはら》街道沿い十五キロにわたって山桜を植樹している。また、官僚の桜に対する行政措置に対して手厳しい批判を展開したことでも知られる。昭和十五年五月号の『中央公論』誌上では「桜につれなき時代」を書いて、安直な政策を指弾《しだん》してやむところがなかった。

笹部新太郎（1887-1978）

こうした姿勢は戦後も一貫していて、昭和三十八年には『文藝春秋』五月号に「桜を滅ぼす桜の国」を寄稿し、山桜荒廃の現状に警鐘を鳴らした。これを読んで、ただちに神戸在住の笹部を訪ねたのが小林秀雄である。

二人は盃《さかずき》を重ねて談論風発、翌朝、宿酔ぎみの小林は、東京からかかってきた電話で文化勲章受章の一報を聞く。冒頭に紹介した笹部推挽《すいばん》の小林発言は、そうした経緯を背景としている。二人の対面のようすは、当時文藝春秋社にいた薄井恭一が笹部への追悼文「巨桜のような人」に残していて、まことに興味深い。

笹部はソメイヨシノを桜とは認めなかった人である。そもそもソメイヨシノは、幕末期、江戸・染井町の植木屋によって売りに出された、人為的造作による新種にほかならない。そのいわれについては諸説あるが、いずれにせよ、手軽に生育させることが可能で、古来から日本人が丹精を込めて育ててきた山桜とは、その性質を大きく異にする。ソメイヨシノは葉が出るより先に花のほうから咲く。しかも白っぽい花をつけるだけである。

これに対して山桜はまったく違った咲き方をする。歌人若山牧水《ぼくすい》が詠んだ次の和歌は、その特徴をみごとに表現した一首であろう。

うす紅に　葉はいちはやく　萌《も》えいでて　咲かむとすなり　山ざくら花

要するに、山桜は葉が先に出てその後に花が咲く。その絶妙の変化を、古来から人々は愛《め》でてきたのである。牧水だけでなく本居宣長であれ誰であれ、わが国では山桜を桜として親しみ、詩歌にうたいあげてきた。

ところが明治以来、その簡易さに着目した官僚たちは、人の丹精を必須とする伝統の山桜を顧みずにソメイヨシノを推奨した。結果、ソメイヨシノが全国を席巻《せっけん》し、山桜を駆逐《くちく》するはめとなった。こうした便宜《べんぎ》主義に傾斜する時流に正面から異を唱え、山桜の復興に生涯を賭けた在野《ざいや》の人こそ笹部新太郎にほかならない。

二、御母衣ダムをめぐる角逐

確かに、明治以来のわが国は、日本本来の山桜の荒廃に無頓着《むとんちゃく》でありすぎた。昭和九年に日本を訪問した英国の桜研究者コリングウッド・イングラムでさえ、『ロンドンニュース』に、

「桜は世界に比類なき立派な花で、日本人の愛国忠誠の思想はこの花につながっていたが、その日本人が近代文明の輸入とともにこの木のよさを忘れてしまった。この国に桜の滅びるのも遠い将来ではない」

と書いて、嘆きをあらわにしたほどである。

何もこれは戦前期だけのことではない。戦後においても似たような事例は存在した。その一つが、国土開発に伴う自然破壊という深刻な問題である。戦後復興のためには国土開発は必須の条件だった。しかし一方で、先祖伝来の故郷を失う悲劇が繰り返されたのも事実である。そこには、開発を推進する側と故郷を守ろうとする住民との間に、凄絶《せいぜつ》な対立をしばしば生み出した。その典型が岐阜県の御母衣《みぼろ》ダム建設をめぐる角逐《かくちく》である。

ときは昭和二十七年に遡る。政府は広範囲に及ぶ電力供給を可能ならしむることが戦後復興の要《かなめ》と着眼し、電源開発株式会社を創設して水力発電のためのダム設計にとりかかった。これが佐久間ダムと御母衣ダムの建設である。電源開発の初代総裁には高碕達之助《たかさきたつのすけ》が就任した。高碕は東洋製罐《せいかん》株式会社の創設者であり、戦前は請われて満州重工業開発株式会社総裁として手腕を振るった実業界の傑物であった。

御母衣ダム建設の一件が政府によって公表されたのは同年十月十八日である。水没予定地区に当たる岐阜県大野郡荘川《しょうかわ》村は騒然と

高碕達之助（1885-1964）

なった。翌二十八年一月には地元住民によって「御母衣ダム絶対反対期成同盟死守会」が結成され、以後七年間にわたって激しい反対闘争が繰り広げられたのは言うまでもない。

しかしこの間、紆余曲折がありはしたが、地元住民は大局的立場からついにはダム建設を受け入れることとなった。昭和三十四年十一月、いよいよ「死守会」の解散式を迎えるが、なんと彼らは、憎《にく》むべき対象であるはずの高碕を招待したのである。なにゆえであろうか。

高碕は、地元民との交渉に際してみずから膝を交え、対話に努めた稀有な指揮官だった。書面でのやり取りも肉筆で書き送ったという。故郷が水没する地元民の嘆きを痛いほど感じ取っていたからであろう。次第に地元民も、彼の誠実な人柄に惹《ひ》かれていったという。こうして芽生えた絆《きずな》が、戦後、日本復興の底流に実在したという事実は記憶されてしかるべきである。

先般、筆者が教鞭《きょうべん》を執る日本史授業の主題学習でこの史実を取り上げたところ、生徒は、「戦後、絶望に陥っていた日本を救うために、皆必至だった時代に、国を救いたい気持ちと郷里を守りたいと思う気持ちはどっちも大切なことだと思ったからこそ、高碕さんは行動を起こしたのだろう」

と感想を記していたが、筆者も同感を禁じ得ない。

三、桜移植に賭けた男たちの「プロジェクト」

さて、ここに取り上げる戦後史に刻まれた壮大なドラマは、以上の共感と和解の成立の時点から始まる。

解散式ののち、高碕は間もなく水没する予定の荘川村を見て回ることとなった。光輪寺という菩提寺の境内に立ち寄ったときのこと、彼は老いた巨大なヒガンザクラを目撃して息を呑んだ。まるで吸い寄せられるかのように、この巨桜の前に立った高碕はつくづくと眺め、せめてこの桜だけは救いたいと決意を固めるのである。

そのときの心境を、みずから書いた手記のなかで、

「私の脳裡《のうり》には、この巨樹が水を満々とたたえた青い湖底に、さみしく揺らいでいる姿が、はっきりと見えた。この桜を救いたいという気持が、胸の奥のほうから湧き上ってくるのを、私は抑えきれなかった」

と書き残している。

帰京した高碕は、早速、著名な植物学者らに相談を持ち込んだが、四百五十年は経つと思われる老桜の移植など世界でも例がなく、当然のこと断られてしまう。万事休すと思われたそのとき、彼の脳裡をよぎったのが、神戸に住む「桜の博士」と異名を持つ前述の笹部新太郎のことであった。

高碕の懇願を聞いた七十三歳の笹部は、無謀とも言えるこの依頼を引き受けることとなったのである。現地調査に出向いた笹部は、さらにもう一本の同様の老桜を発見し、あわせて二本の桜の移植に当たることとなった。

移植した桜の前に立つ笹部新太郎（左）と丹羽政光（右）

必要な経費、工事一式は高碕の企画に賛同した電源開発が請け負った。それればかりではない。御母衣ダム建設に携わった間組《はざまぐみ》関係者が援助の手を差し伸べた。日本一の庭師と謳《うた》われた丹羽政光も馳《は》せ参じることとなった。

かくて、未曾有の老桜移植の一大工事が、晩秋の昭和三十五年十一月十五日に開始される。移植工事は難航をきわめた。元の場所から二百メートル高い

人と比べると根の大きさが
よく分かる

桜の移植工事風景

山腹まで、距離にしておよそ一キロを移動しなければならない。そのためには枝や根を切り落とさざるを得ないのは必至だった。樹齢四百五十年の根は百メートルもの長さに達していたのである。

丹羽はやむなく切ろうとする、笹部はできるだけ切らせまいとする。当代きっての達人《たつじん》同士の間に激しい火花が散ったという。こうして一進一退を繰り返しながらも、難工事は進捗《しんちょく》していく。枝を落とされ、根を切られた桜は、それでも四十トン近くもあり、これを巨大な鉄製の橇《そり》に乗せ、ブルドーザー三台で引き上げた。

新たな場所に植樹する際はクレーン車に吊るして植え込んだ。工事が終了したのは、世間がクリスマス・イブを楽しんでいた十二月二十四日のことである。彼らは、ひとえに老桜を生かすことで故郷をし

御母衣ダムのほとりに立つ移植後の荘川桜（左）と高碕達之助の歌碑

のぶよすがにしてほしいとの思いから、このプロジェクトに結集し、精魂を込めて難工事を遂行した。

しかるに、春が到来しても切り払われた枝の先には何の変化も萌《きざ》さなかった。やはり無理だったかと思われたころ、覆われた菰《こも》の間から新芽が顔をのぞかせた。老桜は確かに活着《かっちゃく》していたのである。故郷を去った地元民やプロジェクトの男たちは歓喜に湧いた。高碕は満開の花をつけてほしいとの願いを込めて和歌一首を捧げている。

ふるさとは　湖底となりつ　うつし来し
　この老桜　咲けとこしへに

この後、老桜はみごとに開花するが、高碕は病に倒れ、丹羽は急死する。元どおりに蘇生した荘川桜を見届けたのは笹部新太郎のみであったが、その笹部も今は亡《な》い。

爾来、四十年余の歳月が流れた。二本の荘川桜は樹齢を五百年に延ばし、今も毎年五月上旬に満開の花を披露してわれわれを堪能させてくれる。

四、桜育成の灯を継いだ佐藤良二

さて、桜を守り抜いた男たちは世を去ったが、この灯は消えなかった。彼らに突き動かされて桜の植樹を継いだ一人の男が出現したのである。

当時、日本一長いバス路線（名古屋から金沢に至る名金《めいきん》路線）に乗務していた国鉄バス車掌《しゃしょう》の佐藤良二《さとうりょうじ》がその人である。

国鉄バスの車掌時代の佐藤良二
（1929-1977）

実は、佐藤は荘川桜の移植作業をバスの窓から見続けていた一人である。しかも、その一部始終をカメラに納め、固唾《かたず》を呑んで開花を待ち続けていた。それほどまでに佐藤はこの事業に魅せられた。満身創痍《まんしんそうい》の荘川桜が若芽を出した瞬間を発見したのは彼である。

当時、勤務に精励するとともに「人の役に立つ生き方」を模索し続けていた三十二歳の佐藤に、荘川桜の移植成功は発奮を促した。みずからが乗車する路線のバス停ごとに桜の苗木を植樹しようと思い立つのである。

最初の植樹は、昭和四十一年春にはじまった。まず、名古屋営業所の入り口に一本目を植えた。このときから算して十二年後、四十七歳で病死するまでに、都合二千本もの植樹を達成している。途中、ガンで入院するが、退院後も再び取り組んだ。台風情報が入ればオートバイで苗木を見回り、支柱を補強した。厳しい冬が到来すると菰をかぶせて寒風から守る。また、除雪のブルドーザーに傷つけられないように、枝の先に赤い布を目印として結《ゆ》わえたという。

佐藤良二のようすを、地元に住む一人はこのように証言している。

「あの方は本当に路線を愛してましたな。へんくつなところは一つもなく朗らかな人でしてね。屋根まで積もる大雪で折れても、それにも負けず、桜の苗木を黙々と根気よく植えなさる姿に頭が下がりました」

桜育成の志を継いで桜を植え続けた佐藤

十二年に及ぶ植樹活動の途中、昭和四十四年三月、佐藤は笹部新太郎に初めて手紙を出しているが、このときの文面に彼の「こころざし」が溢《あふ》れるようにうかがえる。

……私は岐阜県の奥美濃《おくみの》、飛騨白川郷をバスで毎日走っている車掌ですが、……今さらながら笹部先生の偉大な桜移植の事業を私は見直すとともに、その横を毎日、バスの車掌をして通りつつ、ちょうど気にかかる恋人をちょっと見るように、桜の姿を一目なりと見て通らないと、その日一日は心淋しくてたまりません。

移植後、雨の日も風の日も、ことに白山《はくさん》おろしの吹雪《ふぶき》が猛《たけ》り狂うときにも、ばんじゃくとして大地に突っ立っていて年毎に太く、大きく、長くこまかく、枝を張っていくのをみていると嬉しくてたまりません。

……名金線が自分の職場である限り、この路線を自分の庭と思い、三、四年前よりこの移植桜を中心に沿線に桜を植え続けています。

五、歴史の「いのち」が甦るとき

一年後、佐藤は笹部の自宅を訪問し、これを機会に荘川桜の実生《みしょう》の苗木を育てるべく挑戦しはじめる。だが苦心惨憺《くしんさんたん》するものの、いっこうに芽を出そうとしない。失敗と挫折は六年に及んだが、昭和五十一年四月十二日、彼の情熱は荘川桜の実生を発芽させた。

二か月後、病床にあった笹部にあてて、次のような手紙を書き送っている。

先生のお手植えの桜からこぼれ落ちた種を拾い、土に埋めたところ二百粒の種子から現在、四十粒ほどが芽を出し、立派に成長をはじめています。せっかく植えるのなら、永い歴史に残るものを、そんな立派な木を植えなさい、と先生に御教え頂いた言葉が身にしみていました。よって、神仏のお救いもあって先生の桜木より頂いた種からみごとに発芽したのだ、と思います。

翌年一月、佐藤良二は四十七歳の若さで死去。彼を見守った笹部新太郎も後を追うように、その翌年の十二月に九十一歳の天寿を全うした。しかし、こうして「いのち」を繋《つな》いだ荘川桜の「子供」は、今年もまた、親木の荘川桜と同様、満開の花を咲かすことだろう。

歴史とは、干《ひ》からびた知識の堆積《たいせき》ではない。継承のこころざしに灯《ひ》をともす力となって初めて「いのち」を宿すものなのである。

満開の荘川桜。御母衣ダム完成前は、湖底に沈む中野照蓮寺と光輪寺の境内にあった

第三部　近代史再考

近代日本と「五箇条の御誓文」

●近代史再考の手がかり●

一、近代史を読み解くキーワード

わが国の近代史を虚心に眺めてみると、そこにはいくつかの重大なキーワードが立ち現れてくる。それらのキーワードを梃子《てこ》にして近代史を読み直してみることは、新たな視野を開いてくれるものである。その不可欠のキーワードとして「五箇条の御誓文《ごせいもん》」（三二八ページ参照）が挙げられると筆者は見ている。

しかるに高校日本史では「五箇条の御誓文」について触れるのは、一般的に明治初年の発布のときだけである。しかも現在の立場から、概念的・消極的に取り上げる程度で、あとは打ち捨てられて顧みられないことが多い。しかし、それではあまりにもったいないのではないか。むしろ近代史を読み解くキーワードとして見るとき、思わぬ拾い物に出くわすのではないかというのが筆者の実感である。

この「五箇条の御誓文」は、例えば次のような観点と歴史的位置づけにおいて取り上げてみると、その性格と意義がより明瞭となるのではないか。

一、明治維新の終局点としての御誓文

二、明治憲法成立に至る出発点としての御誓文

三、近現代史における外交と御誓文

四、自由民権運動と御誓文

五、戦後日本の出発点としての御誓文

例えば、三の観点の場合、「五箇条の御誓文」の第四条「旧来の陋習《ろうしゅう》を破り天地の公道に基くべし」という決意が、苛烈《かれつ》な国際政治の現実に接しながらどのような対外観をわが国にもたらしたか、というテーマ設定が可能である。

言うまでもなく「天地の公道」とは国際法を指す。したがって国際法に基づいて開国を進めようというのが本条の趣旨であるが、それだけの説明にとどまっていては単なる歴史の訓古《くんこ》注釈に過ぎない。大事なのは、この決意が当時の国際政治の現実にどのように抵触したのかが解明さるべきなのである。

二、「万国公法」の矛盾がもたらした対外的危機感

「五箇条の御誓文」が発布されて以来、明治の俊秀たちは外交上の国際的慣習を身に付けるために翻訳された「万国公法」を競って読んだ。ところが、彼らの期待に反して困惑をもたらす結果となった。実は「万国公法」の内容は欧米諸国間の国際的慣例であって、その適用範囲も欧米諸国に限られたものだったのである。したがって「万国公法」の遵守《じゅんしゅ》は、わが国をはじめとしてアジア諸国に安全を保障する国際法とはなり得なかった。

しかも、だからといって、この「万国公法」を遵守しない場合は、そのことを口実に欧米諸国によるアジア侵略の大義名分が成り立ってしまうと受け止められた。こうした現実を知ったとき、彼らが抱いた矛盾相剋《そうこく》はいかばかりであっただろうと推察される。

当時の学者の一人は、「われわれは万国公法を遵守しなければならない。しかし、この公法の使用は、強国側の自由に任されている。日本はこの公法に国の安全を委《ゆだ》ねることはできない」と深刻な省察を加えているが、これが現実だったのである。だからこそ、日本の実質的な安全保障を築くには、公法を補完するための「軍備」が不可欠であることを痛

感させられることになった。

欧米先進国の高い文明と国際的慣習を身に付けようと刻苦勉励した明治日本人は、以上のような矛盾に立ち至って、新たな対外的危機感を内に抱えた。

西欧文明の崇拝者として啓蒙運動に活躍しながら、一八八一年（明治十四年）を契機に一転して、その胚胎《はいたい》する侵略性の矛盾を突きはじめた典型的な人物は福沢諭吉である。福沢の目には、欧米の文明は彼らの世界のみに限定されたものであり、自由も平等も平和もすべて彼らの国々のためのものなのだと思い知らされた。

しかもこれに加えて、一八八二年以来、朝鮮国に親日政権を誕生させようとして金玉均を支援していた計画が一八八四年の清国軍隊の出動によって失敗し、さらに同年にはじまったヴェトナムをめぐる清仏戦争における清国の無残な敗北は、欧米列強による清国分割の開始を告げるものと理解されたとしても不思議はない。

一八八五年の『時事新報』に発表された福沢の「脱亜論《だつあろん》」は、あまりに現実主義に過ぎて戦後の研究者に福沢批判をもたらしたが、しかし、以上の展開を見れば福沢の困惑は見てとれるし、複雑な葛藤の挙げ句の選択であったことを知るべきなのである。すなわち、わが国の当時の対外観は決して単純なアジア進出論として生まれたものではない。

もちろん、筆者はいたずらに過剰な自国弁護論を弄《ろう》しているのではない。そうした対外観の選択の背景には、欧米列強の強靱《きょうじん》な国家エゴイズム、すなわちわが国に外交選択を迫る、紛れもない「相手」の存在があったということを不問に付さないでおきたいということを言いたいのである。その事実を抜きにして近現代史の外交政策を学習しても、それは単純な知識の類型化を覚えるだけであり、歴史に学ぶ「体験」とはなり得ないのではないか。

いずれにせよ、「天地の公道に基くべし」という御誓文に示された国是と、その「天地の公道」が天地の公道になり得ていない国際政治力学のダイナミズムとの間に横たわる断層は、以上の現実対応の対外観を生み出したが、無論そうした対外観だけではない。

頭山満や宮崎滔天、末永節らは、「脱亜論」に対して「興亜論《こうあろん》」を唱えている。この明治の良心的な大陸浪人たちが掲げた理想を忘れるわけにはいかない。彼らは孫文の革命援助活動を通じて、アジア諸国に根深い専制政治を打倒して民主的な民族国家の自立をめざした。

ところが彼らの矛先の対象となったアジア各国の専制政治の上位には、さらに強固な欧米列強の植民地政策が覆っていたわけである。「興亜論」の願いであった「アジア諸民族の解放」の意味するところは、決して単純な構図では語れない重層的な難題を抱えていたといえよう。そして、彼らはそうした複雑な難題に挑《いど》みながら、せめてアジア諸国の世界に「天地の公道」を実現しようと奮戦したのである。

結果的に挫折したとはいえ、その理想主義的対外観は、意識したにせよ意識しなかったにせよ、「五箇条の御誓文」の精神を引き継いでいると見たい。

三、民族運動としての自由民権運動

次に、四番目に挙げたように「五箇条の御誓文」が与えた影響という観点から、自由民権運動を見直してみたい。これまた、通説では顧みられない歴史的事件の一面の真相が浮かび上がってくる。

明治の自由民権運動を取り上げる際、とかく現在の立場から「民権」を強調するあまり、明治の日本人にとって最たる関心事であった「国権」の問題が見失われがちになっているのは否めない現状である。

そもそも自由民権運動の実体は何であったかというと、単なる天賦《てんぷ》の人権や自由という抽象的な要求だけでもなければ、民権の要求ばかりでもなかった。当時の民権論者の主たる目的は、端的に言えば「国会の開設」にあったことは言うまでもない。換言すれば国民に政治参加の自由ならびに権利を与えよということである。

ところで、この熱烈な国会開設要求の拠って来る源泉には二つの系譜が存在するが、いずれも通念および通説が軽視するか、黙殺してしまうものである。

一つは、幕末以来の公議与論主義ならびに「五箇条の御誓文」の第一条「広く会議を興し万機公論に決すべし」から展開したものであるということ。二つには、国家独立への危機感に端を発したものであるということである。

二つ目の対外危機感のほうを先に取り上げてみよう。当時の日本は、巨大な力を持った欧米列強が津々《しんしん》として迫る東アジアに投げ出された、まことに弱小の国家に過ぎなかった。したがって、先ほども見たとおり、いったいどうしたら列強に併呑《へいどん》されずに独立を全うできるのかという危機感の存在を正面に据えて見ようとしないと、明治時代の実相は理解できないはずである。

ところが、意図してかしないでか、この肝心の「相手の存在」を抜かして自由民権運動を論じる弊《へい》が依然として跡を絶たない。結果、ピントがズレた歴史像がまかり通ってしまうのである。

ともかく当時の対外的危機感は、国民をして明治天皇を中心に一丸となって列強に対峙しなければならないという強い意識を育てた。そして、その基盤となる国民の総意を結集するためには、必然的に国会の開設が不可欠となる。

こうして国内に対しては国民の総意結集としての民権の要求、対外的には独立維持のための国権の要求という不即不離の関係が成立する。当時の「民権なければ国権なし」というスローガンは、そういう意味として捉えて初めて正しく理解されるものである。

以上の認識に立つとき、自由民権運動はむしろ健全素朴な民族運動と解したほうが、その輪郭《りんかく》がより鮮明となるのではないか。

言うまでもなく、国権とは独立国としての権利を守ることにほかならない。したがって、この国権を守ることが独立維持の必須の条件であり、そのためにはまず国会が開設されて国民の総意が結集されねばならない。しかも、開設された国会に広く国民の意見を反映させるためには、言論・集会の自由も必要であり、国民一人ひとりに自由と権利が与えられたうえで、さらに国家に対して進んで責任を果たし、義務を履行《りこう》し得るように努めることが求められる。

かいつまんで言えば、これが明治の自由民権運動の真相である。そういう意味で、自由民権運動は諸外国にも見られた民族運動と見たほうが正確な歴史認識となろう。

四、「秩父事件」秘話――博徒から足を洗って転身した男の存在

さて、自由民権運動の大半はみごとに合法的な国民運動を展開したのだが、そうたらしめたものが「御誓文」の第一条である。つまり天皇のおぼし召しがあればこそ、国民はその方針に従って運動を進めているのに、なぜ政府は新聞紙条例・讒謗律《ざんぼうりつ》・集会条例などをもって弾圧を加えるのか。そういう政府こそ天皇の御意思にそむくのではないかという意識が彼らの運動を発展させていくのであった。

その典型的な例が「秩父事件」の首謀者の一人、落合寅市《おちあいとらいち》の意識と行動に見られる。秩父に生まれて、地元一帯で「ハンネッコの寅」と呼ばれた一人の博徒《ばくと》が、その世界から足を洗って困民党結成に参画し、秩父事件の幹部として奔走した事例は刮目《かつもく》に値する。

この博徒がいかなる故あって自由民権運動に身を投じたのか。彼が晩年書き記した自伝『倫旨大赦義挙寅市経歴』を披《ひら》いて見ると、その冒頭にはまことに興味深い感激的な体験

が披露されている。

御誓文　御製　専制政府過ちと信し万機公論に決すへし
あやまちを諫《いさ》めかはして国の為
力をつくせ大丈夫《ますらお》の友
高岸善吉落合寅市右是に非常に感銘感激感発したり

ここに言う「御誓文」とはもちろん「五箇条の御誓文」のこと、「御製」とは明治天皇がお作りになった和歌を指している。

落合寅市（1850-1936）

世間の裏街道を生きる博徒が、いったいどんな機縁を得たのか詳《つまび》らかではないが、とにかく御誓文と一首の御製に触れて、やくざの世界から、ただちに足を洗ったことには違いない。

人の世に過ちがあれば率直に諫《いさ》め合い、お国のために不義を糺《ただ》す。そういうふうに努めれば、自分のような者でも天皇から「大丈夫の友」と呼んでいただける。何とありがたいことか。よし、たった今から人のためにお国のために生きるぞ、と決意した「ハンネッコの寅」の健気な心情がさながらに伝わってくるではないか。

寅市らは明治十七年初頭に自由党に入党し、政府顚覆《てんぷく》の必要性を抱いた経緯をあらまし次のごとく回想している。

「御誓文の誓旨は国是であるのに、専制政府は国会開設の請願を人民にかくのごとき権利なしとして排斥し、かつ女子の教員職に就くことを許さず民権を圧倒する。知力の点では男女は同じであり、特に児童の教育は女子の専務ともいうべきではないか。にもかかわらず圧迫するのは日本臣民《しんみん》を愚鈍《ぐどん》にするものである。しかも御誓文を秘して実行しないのは天皇を蔑如《べつじょ》無視したものというべきである。天皇は国民をますらおの友と言われた。われわれは決して愚民ではなく、国民はすべて武士であるから兵役も義務ではあるが、参政権なくして兵役の義務もないはずである。かくしてわれわれ自由党はこのような専制政府の顚覆を約束した」

こうして寅市らは困民党《こんみんとう》結集を図ったのだが、彼らの究極のねらいが、「高利人が非常に跋扈《ばっこ》するのは人道に反する。高利貸し征伐《せいばつ》を表面に運動して人気を取り、多衆を結合して御誓文を実行する目的を果たそう」

という点にあったことを見逃してはならない。

したがって、結果は途中挫折であったにせよ、運動のプロセスは高利貸し征伐から政府顚覆、そして最終目的の御誓文第一条の実現を期すという重層的な構えだったのである。そのように理解して初めて、先の回想の冒頭に御誓文と御製を掲げていることの意味が見えてくる。

寅市にとって、秩父事件が単なる高利貸し征伐的な暴動として取り扱われたうえ、したがってその罪が国事犯とされずに強盗・殺人・放火などの破廉恥罪《はれんちざい》として処分された一点は耐えられなかったのである。

寅市ならずとも事件を表面的にではなく、彼らの心事に立ち入って省察するとき、「五箇条の御誓文」に感応して、己《おの》が行動を選択した明治人が存在したことが判明する。明治とはそういう時代だったのである。

五、「新日本建設の詔書」は天皇の人間宣言か

これについてはキーワードとしての五番目、すなわち「戦後日本の出発点としての御誓

文」に関連するが、戦後日本史においても「五箇条の御誓文」は決して無縁ではない事実を承知しておいたほうがよい。とりわけ近現代史をトータルに理解するうえで欠かせない視座というべきであろう。

無論、そうは言っても、教科書等を漫然と読んでも、どのように影響したのかはまるで分からない仕掛けになっている。実は敗戦の翌年、昭和二十一年元旦に出された「詔書」（新日本建設の詔書《しょうしょ》、三三二ページ参照）が、マスコミを通じて当初から「天皇の人間宣言」として性格づけられ、いつの間にか教科書およびそれに類する史料集等においても同様の取り扱いが定着している。今では誰しも、あの詔書は天皇みずから神格を否定され、人間であることを宣言されたものであるという認識が浸透してしまっている。

そうした認識は史料の取り扱い方にも影響を及ぼしていて、大半の高校生用史料集は「新日本建設の詔書」における冒頭の肝心のくだりは割愛して掲載することを常としている。一般に「人間宣言」の箇所として取り上げられるくだりは、戦前・戦中の一時期に宣伝された教条主義的君主観に対する指摘と見るべきであって、天皇が、私は人間だとあらためて主張された一文などどこにもない。確かにこの詔書には、当時のＧＨＱの示唆《しさ》が少なからず影響を及ぼしているとはいえ、その基本的性格を天皇の「人間宣言」と即断するのは錯覚である。

では詔書渙発《かんぱつ》の肝心の趣旨は何かというと、実は史料を取り扱ううえで割愛されている箇所に端的に表されている。そこには先の「五箇条の御誓文」が列挙され、続いて「叡旨《えいし》公明正大、また何をか加へん。朕《ちん》はここに誓を新にして国運を開かんと欲す」との決意が示されているのである。

ちなみに、宮内省の学習院事務官だった浅野長光氏の証言（昭和六十三年九月二十九日付『読売新聞』）によると、昭和二十年十二月十六日に宮内省に詔書の草案を渡し、陛下の御内意を伺うよう依頼したところ、十九日に陛下の思し召しとして「五箇条の御誓文」を挿入するよう御誓文そのものを添えて指示されていたという。

これまでは、幣原喜重郎首相や前田多聞文相らの回想録などに明らかなように、十二月二十九日に「政府案」を御覧いただいた際に、初めて昭和天皇が御誓文の追加を要望されたというのが通説だった。しかるに、浅野氏の証言で明るみになったとおり、昭和天皇はすでに十九日の時点で御意思を示されていたのである。

ところが二十九日の「政府案」では、挿入されていた御誓文が誰かの手ではずされていた。そこで再び、昭和天皇は御誓文の挿入を強く表明されたのである。これらの経緯につ

「五箇条の御誓文」の発布。明治天皇（屏風の中）が率先して神に誓われるようすが描かれている。朗読するのは三条実美

いて、浅野氏は「陛下が二回もおっしゃるということは、よほどのことです」と回想している。昭和天皇の御意志のほどが偲ばれる消息と言えよう。

要するに、明治の精神を指し示す「五箇条の御誓文」に学び直して、新たに日本の再建に邁進しようと呼びかけられたのが本詔書の眼目なのである。しかも「五箇条の御誓文」は、五箇条に続く一文に「朕躬《み》をもって衆に先んじて天地神明に誓ひ」とあるように、明治天皇が率先されて神に誓われたものであって、国民に向かって命じられたのではない。この点は留意しておくべきであろう。「新日本建設の詔書」における「朕はここに誓を新にして……」という表現も、これに照応しているのである。

以上、「五箇条の御誓文」をキーワードとして、近代史のいくつかの局面を取り上げたが、それは言わば「近代史における不易《ふえき》と流行」を明らかにしていく手がかりの一つに過ぎない。しかしそれでも、近現代史を戦前・戦後と区別して図式化する方法では見えてこないところの、わが国の苦闘や知恵や、そして過ちなどが生き生きとして浮かび上がってくる。

最近、筆者は孫文のブレーンであった戴季陶《たいきとう》の『日本論』（一九二八年上海にて刊行）を読んで、裨益《ひえき》されること大であった。外国人による傑出した日本研究の著作であるが、とりわけ近代日本に関する優れた観察眼には驚かざるを得ない。彼は「武士道」の興廃を近代日本を読み解くキーワードとして、明治を語り、大正に言及し、昭和初期を分析している。

青年期の日本留学を含めて数次に及ぶ滞日体験を持つ戴季陶は、日本民族の倫理性をきわめて高く評価し、とくに「武士道」を普遍的な倫理に高めたところに日本民族の優秀さがあり、近代化への対応を可能にしたと見た。明治期に留学体験を持つ彼は、当時の日本社会にみなぎる「尚武《しょうぶ》」の気風に感嘆する。

ところが、最後に訪れた昭和初期の日本のようすには、「尚武」の気風が著しく衰えてしまい隔世《かくせい》の感を覚えたというのである。そこに彼の日本に対する落胆が読み取れるのだが、それらの指摘がすべて受け容れられるものではないにしても、彼の冷静な観察は、近代日本は何を得て何を見失ったかを、われわれに再考させるものがあると思われてならなかった。

筆者は本稿では言及しなかったが、大東亜戦争と呼ばれたわれらの父祖《ふそ》の戦いと悲劇を「侵略戦争に過ぎなかった」などと断ずることは決してできないと考えている。さらに第二次世界大戦を、「日独ファシズムに対する英米デモクラシーの勝利」と見る皮相な史観は、歴史的にも近代国際政治史のうえからも、多くの誤謬《ごびゅう》を含んだ通念であると見ている者である。

この点については他日に譲るが、一方で「鬼畜米英」などの歪《ゆが》んだ人間観、対外観をはじめとする異質な思想が、先の大戦を遂行した中枢部周辺に巣くっていた事実を正確に見つめ、そこをこそ解明、批判すべきではないかとも自問している。

戴季陶の『日本論』に触発された機会に、従来から抱いているこれらの疑問を、通念としての解釈に惑わされることなく明らかにしていく検証作業が必要なことを付け加えておきたい。

〈参　考〉「五箇条の御誓文」と昭和二十一年年頭の「詔書」の正文、書き下し文を掲載。

五箇條ノ御誓文（明治元年三月十四日）

一　廣ク會議ヲ興シ萬機公論ニ決スヘシ
一　上下心ヲ一ニシテ盛ニ經綸ヲ行フヘシ
一　官武一途庶民ニ至ル迄各其志ヲ遂ケ人心ヲシテ倦マサラシメン事ヲ要ス
一　舊來ノ陋習ヲ破リ天地ノ公道ニ基クヘシ
一　智識ヲ世界ニ求メ大ニ皇基ヲ振起スヘシ

我國未曾有ノ變革ヲ爲サントシ朕躬ヲ以テ衆ニ先ンシ天地神明ニ誓ヒ大ニ斯國是ヲ定メ萬民保全ノ道ヲ立ントス衆亦此旨趣ニ基キ協心努力セヨ

五箇条《ごかじょう》の御誓文《ごせいもん》（明治元年三月十四日）

一《ひとつ》、広く会議を興《おこ》し、万機《ばんき》公論に決すべし。
一、上下《しょうか》心を一《いつ》にして、盛《さか》んに経綸《けいりん》を行うべし。

一、官武一途《いっと》庶民に至る迄、各々《おのおの》其の志を遂《と》げ、人心をして倦《う》まざらしめん事を要す。
一、旧来の陋習《ろうしゅう》を破り、天地の公道に基くべし。
一、智識を世界に求め、大《おお》いに皇基《こうき》を振起すべし。
我国未曾有《みぞう》の変革を為《な》さんとし、朕躬《み》を以て衆に先んじ、天地神明に誓い、大いに斯《こ》の国是《こくぜ》を定め、万民保全の道を立てんとす。衆亦《また》、此の旨趣《ししゅ》に基き協心努力せよ。

詔　書

茲ニ新年ヲ迎フ。顧ミレバ明治天皇明治ノ初國是トシテ五箇條ノ御誓文ヲ下シ給ヘリ。曰ク、

一　廣ク會議ヲ興シ萬機公論ニ決スヘシ
一　上下心ヲ一ニシテ盛ニ經綸ヲ行フヘシ
一　官武一途庶民ニ至ル迄各其志ヲ遂ケ人心ヲシテ倦マサラシメン事ヲ要ス
一　舊來ノ陋習ヲ破リ天地ノ公道ニ基クヘシ
一　智識ヲ世界ニ求メ大ニ皇基ヲ振起スヘシ

叡旨公明正大、又何ヲカ加ヘン。朕ハ茲ニ誓ヲ新ニシテ國運ヲ開カント欲ス。須ラク此ノ御趣旨ニ則リ、舊來ノ陋習ヲ去リ、民意ヲ暢達シ、官民擧ゲテ平和主義ニ徹シ、教養豐カニ文化ヲ築キ、以テ民生ノ向上ヲ圖リ、新日本ヲ建設スベシ。

大小都市ノ蒙リタル戰禍、罹災者ノ艱苦、産業ノ停頓、食糧ノ不足、失業者增加ノ趨勢等ハ眞ニ心ヲ痛マシムルモノアリ。然リト雖モ、我國民ガ現在ノ試煉ニ直面シ、且徹頭徹尾文明ヲ平和ニ求ムルノ決意固ク、克ク其ノ結束ヲ全ウセバ、獨リ我國ノミナラズ全人類ノ爲ニ、輝カシキ前途ノ展開セラルルコトヲ疑ハズ。

夫レ家ヲ愛スル心ト國ヲ愛スル心トハ我國ニ於テ特ニ熱烈ナルヲ見ル。今ヤ實ニ此ノ心ヲ擴充シ、人類愛ノ完成ニ向ヒ、獻身的努力ヲ效スベキノ秋ナリ。

惟フニ長キニ亘レル戰爭ノ敗北ニ終リタル結果、我國民ハ動モスレバ焦燥ニ流レ、失意ノ淵ニ沈淪セントスルノ傾キアリ。詭激ノ風漸ク長ジテ道義ノ念頗ル衰ヘ、爲ニ思想混亂ノ兆アルハ洵ニ深憂ニ堪ヘズ。

然レドモ朕ハ爾等國民ト共ニ在リ、常ニ利害ヲ同ジウシ休戚ヲ分タント欲ス。朕ト爾等國民トノ間ノ紐帶ハ、終始相互ノ信頼ト敬愛トニ依リテ結バレ、單ナル神話ト傳說トニ依リテ生ゼルモノニ非ズ。天皇ヲ以テ現御神トシ、且日本國民ヲ以テ他ノ民族ニ優越セル民族ニシテ、延テ世界ヲ支配スベキ運命ヲ有ストノ架空ナル観念ニ基クモノニモ非ズ。

朕ノ政府ハ國民ノ試煉ト苦難トヲ緩和センガ爲、アラユル施策ト經營トニ萬全ノ方途ヲ講ズベシ。同時ニ朕ハ我國民ガ時艱ニ蹶起シ、當面ノ困苦克服ノ爲ニ、又産業及文運振興ノ爲ニ勇往センコトヲ希念ス。我國民ガ其ノ公民生活ニ於テ團結シ、相倚リ相扶ケ、寛容相許スノ氣風ヲ作興スルニ於テハ、能ク我至高ノ傳統ニ恥ヂザル眞價ヲ發揮スルニ至ラン。斯ノ如キハ實ニ我國民ガ人類ノ福祉ト向上トノ爲、絶大ナル貢獻ヲ爲ス所以ナルヲ疑ハザルナリ。

一年ノ計ハ年頭ニ在リ、朕ハ朕ノ信頼スル國民ガ朕ト其ノ心ヲ一ニシテ、自ラ奮ヒ自ラ勵マシ、以テ此ノ大業ヲ成就センコトヲ庶幾フ。

御名　御璽
昭和二十一年一月一日

詔　書（新日本建設の詔書）

茲《ここ》に新年を迎う。顧みれば明治天皇、明治の初《はじめ》、国是《こくぜ》として五箇条の御誓文を下《くだ》し給えり。曰《いわ》く、

一《ひと》、広く会議を興《おこ》し、万機公論に決すべし。
一、上下《しょうか》心を一《いつ》にして、盛んに経綸を行うべし。
一、官武一途庶民に至る迄、各々《おのおの》其の志を遂げ、人心をして倦《う》まざらしめんことを要す。
一、旧来の陋習《ろうしゅう》を破り、天地の公道に基くべし。
一、智識を世界に求め、大《おお》いに皇基を振起すべし。

叡旨《えいし》公明正大、又何をか加えん。朕は茲に誓いを新《あら》たにして、国運を開かんと欲す。須《すべか》らく此の御趣旨に則《のっと》り、旧来の陋習を去り、民意を暢達《ちょうたつ》し、官民挙《あ》げて平和主義に徹し、教養豊かに文化を築き、以て民生の向上を図《はか》り、新日本を建設すべし。

大小都市の蒙《こうむ》りたる戦禍、罹災者《りさいしゃ》の艱苦《かんく》、産業の停頓、食糧の不足、失業者増加の趨勢《すうせい》等は、真に心を痛ましむるものあり。然りと雖《いえど》も、我が国民が現在の試煉《しれん》に直面し、且《か》つ徹頭徹尾、文明を平和に求むるの決意固く、克《よ》く其の結束を全《まっと》うせば、独り我が国のみならず、全人類の為に輝かしき前途の展開せらるることを疑わず。

夫《そ》れ家を愛する心と国を愛する心とは、我が国に於て特に熱烈なるを見る。今や実に、此の心を拡充し、人類愛の完成に向い、献身的努力を効《いた》すべきの秋《とき》なり。惟《おも》うに長きに亘《わた》れる戦争の敗北に終りたる結果、我が国民は動《やや》もすれば焦燥に流れ、失意の淵に沈淪《ちんりん》せんとするの傾きあり。詭激《きげき》の風漸《ようや》く長じて、道義の念頗《すこぶ》る衰え、為に思想混乱の兆《きざし》あるは、洵《まこと》に深憂に堪《た》えず。

然れども、朕は爾等《なんじら》国民と共に在り、常に利害を同じうし、休戚《きゅうせき》を分《わか》たんと欲す。朕と爾等国民との間の紐帯《ちゅうたい》は、終始相互の信頼と敬愛とに依りて結ばれ、単なる神話と伝説とに依りて生ぜるものに非《あら》ず。天皇を以て現御神《あきつみかみ》とし、且つ日本国民を以て他の民族に優越せる民族にして、延《ひ》いて世界を支配すべき運命を有すとの架空なる観念に基くものにも非ず。

朕の政府は、国民の試煉と苦難とを緩和せんが為、あらゆる施策と経営とに万全の方途を講ずべし。同時に朕は、我が国民が時艱《じかん》に蹶起《けっき》し、当面の困苦克服の為に、又産業及び文運振興の為に、勇往せんことを希念《きねん》す。

我が国民が其の公民生活に於て団結し、相倚《あいよ》り相扶《あいたす》け、寛容相許《あいゆる》すの気風を作興《さっこう》するに於ては、能《よ》く我が至高の伝統に恥じざる真価を発揮するに至らん。斯《かく》の如きは、実に我が国民が人類の福祉と向上との為、絶大なる貢献を為す所以《ゆえん》なるを疑わざるなり。

一年の計は年頭に在《あ》り。朕は、朕の信頼する国民が、朕と其の心を一《いっ》にして、自《みずか》ら奮《ふる》い、自ら励まし、以て此の大業を成就せんことを庶幾《こいねが》う。

御名　御璽

昭和二十一年一月一日

あとがきに代えて——道徳教材の全国公募を提唱する

本書の中に「稲むらの火」の主人公である濱口梧陵の略伝を取り上げたが、実はこの物語が『小学国語読本』に収録されるに至った経緯に関して言及しておきたい。そこに当節の教育改革の手本がある、と筆者は見ているからである。

確かに戦前は国定教科書であった。したがって、すべて教材は一方的な押しつけであったかのように錯覚しがちであるが、必ずしもそうではない。意外にも昭和八年から数年に及ぶ時期、時の文部省は全国の小学校教員に国語と修身の教材を公募し、最良の教科書を作ろうと努めていた。

その証左が、『文部時報 第四百六十二号』（昭和八年十月二十一日発行）に公表された「文部省にては尋常小学修身書及小学国語読本（尋常科用）資料を募集す」と題する募集要項である。

この画期的な試みに呼応した一人が、当時、和歌山県湯浅町の小学校に勤務していた二十七歳の青年教師中井常蔵である。ちなみに、明治四十年生まれの中井は和歌山県立耐久中学校の卒業だが、この学校は梧陵が創設したものだった。現在は和歌山県立耐久高校として引き継がれている。

中井は、すでに小泉八雲の「生神様」を読んでいて、これを素材に独自に「燃える稲むら」一編を書き上げて応募。文部省はタイトルこそ「稲むらの火」と改題したものの、本文は一字一句も修正せず教科書に採択するに至った。

後年、中井は「文部省が民間から国定教材を採り入れるというようなことは、まことに未曾有の英断であり、官選の教材から民選の教材に、というこの画期的試みは、教育に熱情を傾けつくせる年代であった私の心を強くゆすぶるものがあり、かねてから子供に愛される教科書、子供に親しまれる教材ということを念願していた私は、その渇望《かつぼう》の一つを自分の手でと考えて応募した」と述懐している。

こうした文部当局の融通無碍《ゆうづうむげ》の懐《ふところ》の広さ、また呼びかけに応じて、故郷に伝承されている史実を素材に感動の一編を著した地方教師の情熱。名作「稲むらの火」は、そのような官民協同による絶妙の合作によって誕生している。

かくて、戦前・戦中を生きた児童の心に灯をともし続けた「稲むらの火」は、昭和二十二年まで『初等科国語六』に収録されていたが、残念なことに占領軍の指令による国定教科書廃棄に伴い、教科書から姿を消した。

爾来、歳月は移り、人々の記憶から消え去ったかに見えた「稲むらの火」が再び脚光を浴びることとなったのは、昭和六十二年の九月二日のことである。この日、原作者中井常蔵が綿貫民輔国土庁長官から「防災功績者」として表彰を受け、人々の知るところとなった。

また平成十三年、優れた現代文にリライトされて小柳陽太郎・石井公一郎監修『嵐の中の灯台』（明成社）にも収録され、次第に感動の輪が広がりつつあるという。官と民とが二人三脚で子供の心に向かって発信した珠玉《しゅぎょく》の一編は、新たな灯をともしはじめている。

そこで、筆者は衷心から文部科学大臣に提唱したい。平成の道徳教材を全国に公募する勇断を振るっていただけないものだろうかということである。せめて道徳教材は教科書会社だけに依存せず、われわれ国民の手によるものを子供たちに提供したいではないか。

誤解しないでいただきたいが、筆者は国定教科書に戻せと主張しているのではない。文部科学省が音頭はとるものの、教科書内容は全国民の叡智《えいち》を取り入れたものとする企画なのである。

教育改革を梃子に、われわれ国民が結集するのは今をおいてないのではないか。その契機ともなるのが「道徳教材の全国公募」を通じた教科書づくりにほかならない。

全国の津々浦々から、わが故郷の「珠玉の一編」とも称し得る道徳教材を達意の文に練り上げて呼応する、第二、第三の中井常蔵は必ずや出現するに違いない。

どうか、平成の国民を信じて起死回生の大胆な施策に踏み出していただきたい。教育再生の唯一のカギはそこにある。

本書は、そう考える筆者が手がけた「歴史に学ぶ道徳教材」としての含みも持たせたものである。微意を汲み取っていただければ幸いである。

なお、本書収録の論考は、一部の書き下ろしを除いて、多くは以下の雑誌等に掲載したものが初出である。これらに多少の手を加えて一本にまとめたことをお断りしておく。あわせて、それぞれの論考を仕上げるに際しては、先学の研究や文献も参考にさせていただいた。いちいちそのお名前は記さないが、資料等の提供を含めてお世話になった方々は数知れない。この場を借りて心より御礼申し上げる。

幕末日米交渉の光と影　『近現代史の授業改革』（季刊）第三号　明治図書
日本・トルコ交渉史に刻まれた「惻隠の情」『れいろう』平成十四年一月号　㈶モラロジー研究所
芝山巌教育の灯　『日本への回帰』第三十七集　㈳国民文化研究会
ロシアと広瀬武夫　『日本への回帰』第二十六集　㈳国民文化研究会
有島生馬の絵を読み解く　『近現代史の授業改革』（季刊）第十一号　明治図書
近藤富蔵と『八丈実記』　『祖国と青年』平成十四年四月号　日本青年協議会
諸国遊学の中の吉田松陰　『日本への回帰』第十九集　㈳国民文化研究会
厳冬期富士山の気象観測に挑む　『祖国と青年』平成十四年二月号　日本青年協議会
「稲むらの火」再考　『祖国と青年』平成十四年三月号　日本青年協議会
この人を見よ　『祖国と青年』平成十四年五月号　日本青年協議会
御製一首の歴史的背景を読み解く　『国民同胞』平成元年八月号　㈳国民文化研究会
鈴木貫太郎の名誉回復　『社会科教育』平成十三年十二月号　明治図書
桜を守った男たち　『祖国と青年』平成十四年一月号　日本青年協議会
近代日本と「五箇条の御誓文」　『近現代史の授業改革』（季刊）第一号　明治図書

ところで本書の出版に当たっては、矢野壽郎《やのじゅろう》氏との邂逅《かいこう》なくしてあり得なかった。矢野氏は、福岡市で実業（三信株式会社代表取締役社長）に携わるとともに、財団法人モラロジー研究所生涯学習本部九州ブロック部長として道義国家の実現に向けて尽力されている畏友である。

矢野氏は現下日本の現状を黙過できず、平成九年以来、「日本の歴史に学ぶ会」（通称JHC）を発足し、会長として九州全県に歴史講座を展開、今や東進の途次にある。幕末維新期もそうだが、時代の危機にはこういう「さむらい」が出現する。氏が掲げた一灯は野火のごとく広がり、生き方を歴史に学ぶ真摯な学問が繰り広げられている。本書が世に出るのも、ひとえに矢野氏の友情によるものであることをここに記しておきたい。

また、筆者のように遅筆で浅学な者がどうにか出版にこぎつけたのも、財団法人モラロジー研究所出版部の野々村守春氏ならびにスタッフの方々の寛大かつ迅速なご配慮のたまものであった。彼らは出版事業を通じていかに人の胸に灯をともすか、日夜模索するこころざしの人たちである。本当にお世話になった。あらためて感謝する次第である。

なお、筆者は本来、正字正仮名をもって国語国字の正統と見る者だが、出版部から若い世代にも読みやすいものをとの依頼を受けたので、その意を汲んで新字新仮名で表記した点、一言お断りさせていただく。

さて、故郷がないと嘆いた少年も、いつしか「歴史こそわが故郷」と確信するに至った今、本書を今年七十九歳を迎える母に献じて筆を擱《お》く。

平成十四年五月吉日

【写真提供・協力】

御宿町観光協会
勝芳邦氏
京都大学付属図書館
財団法人白鹿記念酒造博物館
鈴木貫太郎記念館
電源開発株式会社
東洋製缶株式会社
日本赤十字社
日本の歴史に学ぶ会
葉山信三氏
星薬科大学
三方町教育委員会佐久間勉顕彰会
ヤマサ醤油株式会社
御宿町歴史民俗資料館
神奈川県立歴史博物館
串本町役場
白川義正氏、白川元春氏
明治神宮聖徳記念絵画館
東京都復興記念館
日本会議
日本漫画資料館
八丈町教育委員会
広川町教育委員会
毎日新聞社
山口県教育会

〔写真・図版転載〕

見上保著『台湾教育における六士先生の功績』

島田謹二著『ロシアにおける廣瀬武夫』弘文堂

エリアノーラ・メアリー・ダヌタン著／長岡祥三訳『ベルギー公使夫人の明治日記』中央公論新社

磯見辰典訳『バッソンピエール大使回想録　在日十八年』鹿島出版会

兵藤長雄著『善意の架け橋 ―― ポーランド魂とやまと心』文藝春秋

杉村廣太郎著『濱口梧陵傳』濱口梧陵銅像建設委員会

TBSブリタニカ編集部編『佐久間艇長の遺書』TBSブリタニカ

飯島栄一著『第六潜水艇浮上せず……』創造社

高碕達之助集刊行委員会『高碕達之助集』東洋製罐株式会社

中村儀朋編著『さくら道 ―― 太平洋と日本海を桜で結ぼう』風媒社

井上幸治著『秩父事件 ―― 自由民権期の農民蜂起』中公新書

＜著者紹介＞

占部賢志（うらべ・けんし）

昭和25年（1950）、福岡県に生まれる。九州大学大学院人間環境学府博士課程修了。福岡県の公立高校教諭を経て、現在、中村学園大学教育学部教授。傍ら、NPO法人アジア太平洋こども会議イン福岡「日本のこども大使育成塾」塾長、太宰府斯道塾塾長、一般財団法人日本教育推進財団顧問などを務める。

著書に、『語り継ぎたい 美しい日本人の物語』（致知出版社）、ＤＶＤ歴史探訪シリーズ『語り伝えたい日本人の物語』全４巻（明成社）など。共著に、『教科書が教えない歴史』全４巻（扶桑社）、『明治天皇と日露戦争—世界を感動せしめた日本武士道』（明成社）、『ホームルーム経営12か月』『決定版高等学校「総合的な学習」実践ガイド』（小学館）などがある。

歴史の「いのち」
—時空を超えて甦る日本人の物語—

平成14年６月10日　初版第１刷発行
平成24年２月28日　　　第６刷発行

著　者　占部賢志

発　行　公益財団法人 モラロジー研究所
〒277-8654 千葉県柏市光ヶ丘2-1-1
TEL.04-7173-3155（出版部）
http://www.moralogy.jp/

発　売　学校法人 廣池学園事業部
〒277-8686 千葉県柏市光ヶ丘2-1-1
TEL.04-7173-3158

印　刷　シナノ印刷株式会社

ISBN978-4-89639-062-9
落丁・乱丁本はお取り替えいたします。
＜第２刷以降、著者の意向により324頁の一部を訂正・加筆しました＞